瓜姐姐当妈

月亮姐姐　/著

北京长江新世纪文化传媒有限公司
www.cjxinshiji.com
出品

感谢

在 我 最 成 熟 的 年 纪

正 好 遇 见 你

写在正好 100 天

我的小正好 100 天了，多么美妙的 100 天！

你从妈妈肚子里出来，连着脐带放到我怀里，那一刻犹如昨日。转眼 100 天过去了！每天看着你笑、看着你哭、看着你闹，都是我最最幸福的事情。从第一次见到你都不知道怎么抱你，到现在我可以熟练地给你喂奶、换尿布、洗澡、抚触……简直不可思议。从当初的束手无策，到现在可以驾轻就熟地搞定你日常生活中所有的一切，我觉得自己还真是不简单！

哈哈！妈妈是不是有一点小小的骄傲呢？但实际上，自从有了你，我慢慢进入了人生的另外一个学习的阶段，每天不断地充实着自己，看关于你的书籍，和很多的妈妈交流育儿经。更有意思的是，妈妈主持少儿节目十几年以来，最盼望的就是从月亮姐姐变成月亮妈妈。而你的到来，让我的愿望得以实现了，好开心。

妈妈每天为你唱儿歌，每天为你编故事，这都成了我一天中最最快乐的时光。这 100 天妈妈和你从来都没有分开过，因为我非常珍惜这段永远不可倒流的美好时光！你会慢慢长大，我会慢慢重返职场。有一天你会离开我去探索这个大千世界，而我要学会慢慢放手……所以妈妈非常非常珍惜跟你共处的日子，相信这也会成为未来我最最美好的回忆。

感谢你来到我的身边，让我发现人生的美好，妈妈几乎每时每刻脑袋里都是你可爱的样子！当然，有时候你也是一个小魔头，让我摸不着头脑。你为什么哭啊？不是拉了？不是尿了？不是饿了？那是哪儿不舒服吗？每天我都在猜、都在学，甚至有时非常非常焦虑。你的身高为什么不长啦？你为什么不爱喝奶了？为什么你的体重比同龄的小朋友轻啦？我到底要不要比呢？妈妈真的很着急。我要不断地修炼自己，因为我要做一个淡定的妈妈，但又何尝容易呢？

有的时候真的希望你快快长大，可以跟我对话，而有的时候又希望时光就在此刻停驻，因为你是那么小，那么需要我的保护。你躺在妈妈怀里，我哼唱儿歌伴你入眠，这美好的亲子时光带给我无限幸福！

现在你每天都咿呀学语，从早上一睁眼，你的心情就特别好，当你冲我们露出灿烂笑容的时候，爸爸妈妈的心都融化了！爸爸说你继承了我的招牌笑。这一点，让妈妈有点小骄傲！听着你不断地用你独特的语言表达，妈妈也学着用你那国的语言进行交流，你一问我一答，两个人都不知道在说些什么，可是又似乎很懂对方说了什么，这过程真是美妙极了。

我经常和你爸爸望着可爱的你，不住地想，今后你会是一个什么样的人呢？你的爸爸经常说："我的儿子以后一定肯担当，我要让他知道什么是真正的男人，我要把我对男人的理解都告诉我的儿子！"我经常会笑着望着你的爸爸，觉得也许男人之间会有独特的相处方式。可是爸爸呀！到现在你都没有给儿子取好大名呢！

作为妈妈，我会希望你成为什么样的人呢？我希望你快快乐乐健健康康去做自己喜欢的事情，拥有非常自在的人生，也希望每一个将来遇到你的人都会觉得：哇！认识正好真好！希望你是一个阳光、充满正能量、自信快乐的男孩。妈妈也希望无论将来你做什么，你都能拥有一个好的性格。妈妈也在憧憬着、想象着你将来给我找一个什么样的儿媳妇？也希望你不要像爸爸妈妈这样太晚了才生自己的孩子。我希望你早点生孩子，这样我就可以早点升级当奶奶。哈哈！这也是妈妈非常可爱的想法！当然，这一切都要顺其自然。

以后你会亲身体会到人生的酸甜苦辣。和所有的父母一样，我们都希望把自己的人生经验全部告诉你，但是每一个人的人生都是不可能复制的，所以当你面对困难挫折或者心情沉闷的时候，妈妈希望你能拥有一颗强大的内心，能拥有让自己快乐的能力！在这个世界上，并不是人人都能像父母一样爱护你、包容你、喜欢你，所以一定要学会让自己成为一个懂得爱、懂得包容、懂得感恩、懂得真善美，并且能够创造幸福的人。

最后再一次谢谢你能够成为我的儿子，一切都那么正好！正好来到我身边，正好带给我幸福和快乐，正好让我拥有最完美的人生，在最成熟的年龄，正好拥有你。感谢老天，赐予我的幸福！好好生活、好好珍惜！好好爱你！我的好儿子！

月亮妈妈

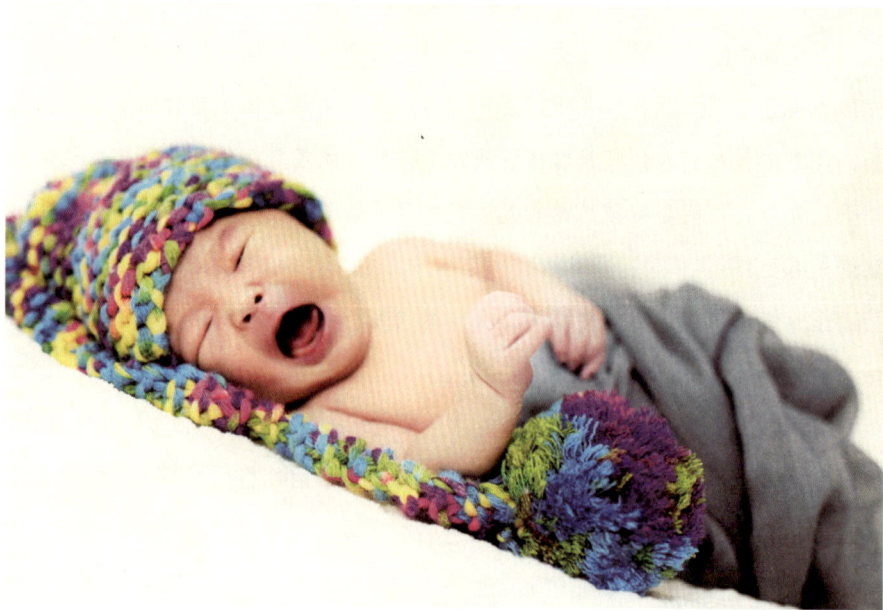

目　录

第二章
爱我你就抱抱我

第三章
不完美的妈妈，不完美的正好

第四章
用微笑的眼光看世界

第一章

从月亮姐姐到月亮妈妈

　　有人会把当了妈妈后的生活描述得无比美好，有的人则极力劝说别人千万不要生孩子，不同的感受都是真实的，是基于不同的经历与视角。

　　究竟要不要踏入这个人生的新阶段，还是要由自己决定。

　　我人生的列车继续前行了，车上多了一位叫正好的小乘客。

我觉得，我要生了

那是 2017 年的正月十二。

春节假期刚过，街上洋溢着喜庆的气氛，到处都能听到"鸡年大吉"的拜年话。

明天就是我的预产期了。

正好小朋友的生日赶上了中国一年一度最重要的节日——春节。

原以为这小家伙会在猴年降生，结果年关一天天临近，眼看着猴尾巴要变成鸡脑袋了，肚子就是没啥动静儿。

年前，我的主治医师范玲主任说她要去休假了，我可急得呀，拉着她："范主任，您不能走啊！我要是春节期间生了怎么办呀！"

我心想，过年了，医生护士都得放假了，要是正好这时候发动，别到时候医院空荡荡的没人管我呀！

"月亮啊，我一年下来就这七天假期。"范主任无奈地说，随后又安慰我，"你放心吧，就算你春节期间要生了，医院也有人！"

这时，我见到了杨丽医生，她会在春节期间值班。

"别担心，杨主任经验可丰富了，一定会给你保驾护航！"范主任笑着说。

"好！好！"我连连点头，上前和杨主任握手。

我一见杨主任，就心生欢喜。杨主任长得很漂亮，又温柔，说话轻声细语，感觉很可靠。我顿时"见异思迁"，谁让我是"外貌协会"的呢？

我对范主任，也是"一见钟情"。范主任是个活力四射、自信满满的人，我常被她爽朗的笑声感染。怀孕时的那些紧张、嘀咕，经她一开解，就云淡风轻了。

杨主任和范主任正相反，她细腻、温和、善解人意，总是特别耐心地解答我的诸多疑问，临床上的支持也非常专业给力。范主任像太阳，杨主任像月亮，能遇到她们俩，是我的幸运。

我老老实实地回家过年了。

谁想到正好比我想的还淡定，一连7天，肚子愣是一点动静都没有。

七天后，范主任休假回来了，我还是没有发动的迹象。

范主任开玩笑说："搞不好小正好会在正月十五出生，月亮生个小月亮。"

我附和着："好啊好啊，那我正月十四就住到医院里去！"

就这样，一天天过去，我每天晚上都挺着大肚在院子里散步，沐浴在月光下，想着小正好还真有可能在正月十五变成个小月亮来到我身边……

正月十二那天，春妮提议："明儿就是你的预产期了，趁着你还没动静，咱吃一顿火锅去，然后你就去医院等，这样踏实。"

那一晚，春妮和她爱人——央视新闻主播刚强，加上我老公，我们四个一道去吃火锅。

外面天寒地冻，店里热气腾腾，我们靠窗坐，窗子上覆盖着厚厚的水汽，看不清外面，只见朦朦胧胧的霓虹灯光。

"冷啊，真冷啊！"春妮使劲儿搓着手。

"热啊！太热了！"我却双手拍在冰凉的玻璃上，整个身子都往窗子上贴。一块地儿敷热了，还挪挪窝换个地儿。

我不是故意和春妮对着干，我是真热。其实过去我特别怕冷，怀孕后专门去买了孕妇穿的棉裤，生怕冻着，可怀孕后我的体质完全变了，身体像个火山，每天夜里向外呼呼喷火。大冬天的，手脚都得用冰镇饮料罐敷着，只能穿很薄的衣裤，否则就燥热难耐。还特别想吃凉的，每天得来好几根冰淇淋。杨主任说，吃太多冰淇淋会迅速长肉，不好顺产，让我把冰淇淋换成了冻酸奶，好吃解馋，也不那么容易发胖。

怀孕最后两个月，我的手脚长了湿疹，一到晚上就奇痒无比。整夜整夜睡不着，抓抓挠挠，从夜里12点，到凌晨2点，凌晨4点……天擦亮了，一宿又过去了。小正好也配合着我各种姿势在肚子里翻来覆去，我怀疑他会武功，因为每晚他都在我肚子里……大闹天宫！

那天晚上，燥热、过敏加上随时都可能发动，这褪节儿还来吃火锅，我都佩服我自己！春妮比我还紧张，不住地问我："月亮，你没事吧？你行吗？"

我说我没问题，我得吃，马上就要生了，得好好攒足体力。

我吃得差不多了，慢慢起身，说要去个厕所。

春妮腾的一下，也蹿起来了："我陪你去！"

要生了是什么感觉？第一次生，说实话，我也不知道。那天上完厕所起身，我有种异样感：有一小股温热的液体，只有一小股，涌了出来。

我看过羊水破了的描述，一般是哗啦一下，开闸似的。一破水，生娃的第一步就迈出去了，就得赶紧去医院了。

那天去厕所前，我是真的毫无感觉。但是出来后，我就镇静地和厕所门口焦急观望的春妮说："我觉得，我要生了。"

我有一种莫名的直觉。

"啊？！！！"春妮惊叫一声，"你你你你什么感觉？哪哪哪儿难受吗？"她上下把我扫了一遍，双手想扶我又不敢碰，好像我是个瓷娃娃一碰就坏了。

"我感觉我羊水破了。赶紧跟老高说，快点开车，送我去医院吧。"老高就是我爱人，他和刚强这会儿还吃着火锅侃大山呢。一会儿他们就手忙脚乱地一个去结账，一个去开车，我则像个指挥官，运筹帷幄，掌控大局，淡定地指挥着："春妮，扶我上车，一会儿拿个垫子啊。"

春妮连连点头，一一照做。她紧张得，就好像要生的是她不是我。她颤巍巍地把我扶上车，我躺在老公的车后座上，腰部臀部垫了几个垫子，身子像个拱桥。老公车在前，春妮刚强跟在后。

出发！前往医院！

目的地是预约好的医院，离我家很近，开车 20 分钟就到。老公开车带我去过很多次，按理说他是轻车熟路的。可后来，春妮和刚强说，他们在后面眼睁睁地看着他的车跟酒驾似的，在马路上来回画龙。幸好那是大晚上，路上没什么人。那天老公应该开了快 40 分钟，才"柳暗花明"地寻到了医院。

别看他平时遇事冷静，有大将风范，那天他是真的紧张得不得了。谁能想到，自己老婆吃着吃着火锅，去了趟厕所，回来就突然说要生了呢？这不是电影里的情节吗？

照电影里演的，这一路上，我还得"哎呦哎呦，不行了"痛苦挨到医院，老公和陪同人员要一直安抚我"再忍一下，马上就到医院了"。

可实际上，我这一路上特别安静，整个人出奇淡定。

我盼这一天真的盼了很久了，终于要"卸货"啦！

我在车里躺着，一片一片霓虹灯光晃过，我的嘴角上扬，忍不住笑意，有种走过了千山万水，终于到终点的舒畅。我的思绪飘散，回想起这一路走来：自怀孕就暂停工作，从小心卧床到寄情山水，闯过了一个个大大小小的"产检"关，看了无数育儿的知识，画了那么多张亲子主题的画，兴奋过、疲惫过、温馨过、揪心过，这是一段多么特别，多么难忘的经历啊！

怀孕期间，我常常想象生产这天的情景，我会多么紧张，多么手忙脚乱，终于到这天了，我反而如释重负，内心非常平静。

这真的就是要生的感觉吗？我当时连宫缩都还没开始。给范主任打了个电话，连她都觉得，我那一点点分泌物不太可能是羊水。可我不知哪儿来那么强烈的确信：我就是要生了。

大春节的，远方隐隐约约传来鞭炮的声音，还挺有仪式感的。

终于，我的身体微微侧倾，归位，刹车了。突然万籁俱寂，唯有老公开门关门的声音，窗外一线灯光让我有些恍惚，如做梦般。

"到了。"老公说。

孕 产 小 贴 士

孕期湿疹

怀孕期间，我不敢吃药，就外涂"炉甘石"止痒，但收效甚微。用热水洗，反而更严重了。后来我才从医生那里得知，湿疹最怕热水，越用热水洗越痒。

医生说让我找找过敏原。灰尘、海鲜、各种新家具、新衣服和新鞋，这些都可能导致过敏。可我排查了个遍，就是找不到罪魁祸首。

其实，孕期湿疹大多和怀孕期间激素变化有关。生完后，我的湿疹顿时就消了大半。又过了两三个月，湿疹就自然全好了。随着激素的改变，孕期湿疹是可以自愈的。

突然破水，如何紧急应对

羊水突然破了，不管是不是预产期前后，妈妈都要尽快去医院。

去的路上妈妈采取平躺姿势，务必要将臀部垫高，这是为了防止脐带脱垂，减慢羊水流出的速度，防止因羊水流失导致的胎儿窘迫、胎儿窒息、脐带受压等危险。切勿一直站立在原地，这样容易加快羊水流失。也不要先换衣服、洗澡后再去医院。如有可能，可提前预备一次性卫生护理垫，在去往医院时垫在产妇身下，也可以垫一片卫生巾。

胎停育——好苹果与坏苹果

我一直有种错觉：要孩子是件很容易的事。35 岁前，我心里就没装着这事儿。彼时一边在工作岗位上挥洒热情，一边每日被孩子们的欢声笑语包围。我总感觉自己还年轻，等准备好了再要孩子吧。

某天，我回学校做个演讲，一上台，台下掌声雷动，学生们热泪盈眶地表示："月亮姐姐，你是我们的童年哪！"

我的天哪！

我竟然都成了别人的童年了！

我的第一批观众原来已经上大学了！

我这才感到时光流逝，转眼，我已 35 岁了。

我大学宿舍八人，四人都有了孩子，都是男孩，大家开玩笑说，再生几个就凑成葫芦娃啦……

35 岁，年龄真的很大了吗？我总觉得自己还是个孩子呢，可是在医学上，35 岁已被视为"高龄产妇"了，听着多吓人啊。

高龄产妇要做的检查比年轻产妇多不少，年纪越大，风险就越高。再拖下去，我会不会生不出孩子了呢？我忧虑起来，再看父母年纪也大了，这才把备孕这件事提上日程。

意外的是，不久后，我很顺利地怀孕了。我愈发觉得要孩子果然是件容易的事嘛，我正常去医院做检查，正常上班，一切都很顺利……

若一直顺利下去，也许我不会写这本书。人生中有些事猝不及防，当时从未料想，发生后又无法改变。我曾想了很多次为什么我会碰上那样的事，终究得到的是一个科学的答案，却无法抚慰情感。

现在想起来，也许正因为走过一些弯路，我才能对自己成为母亲所经历的一切更有感触，我才会想把自己经历的事记录下来，分享给其他准备要孩子或有相似经历的女性。如果能对一些人有帮助，或让人共鸣，我的经历也就有了更多意义。

那是怀孕第 12 周，我去医院做 NT 检查，医生看了很久 B 超，最终郑重地和我说，孩子没有胎心了，可以判断是停育了。

什么？我的心"咯噔"一下，蒙了，第一反应就是医生搞错了。之前怀孕第 6 周检查时，胎心胎芽都发育完好，这段时间我没有任何不适的感觉，怎么会就这样停育了？

当然，仔细回想还是有一丝端倪，上次检查时我的孕酮无缘无故下降了一些，从 40 跌到了 20，但当时医生明明说没有大碍的。

"您确定吗？怎么会这样呢？您看胎芽不是还在长吗？胎心怎么会没有了呢？"我真的无论如何也不相信，眼泪已经涌上来了，在眼眶里打转。

"这在我们这儿很多见。"医生沉着地面对着情绪激动的我，耐心地给我解释："胎芽并没有在长，你看到的只是比上次检查时长了一些，所以以为还在长，但实际上已经停止发育了。"

"胎停育"，即胎儿在子宫中停止生长。若是自然流产，停育的胚胎会自然排出体外，若是没能排出，就会和我的情况一样，直到检查时才查出来。这种情况医生会建议尽快手术，停育的胚胎在母体里存留时间越久，对妈妈身体的伤害就越大。

胎停育发生时，很多妈妈身体不会有明显感觉，所以到医院检查发现时往往会不相信、难以接受。

西医认为，胎停育和很多因素有关，环境、染色体、激素水平等等，其中染色体有问题的占多数，即一种自然淘汰。很多女性遭遇胎停，宛如晴天霹雳，会非常焦虑，担心自己身体是不是有问题，担心是不是以后不能怀孕。但在西医看来，停育是个概率问题，如果是第一次胎停育，不必过于纠结。

医生很确信地对我说，经历过一次停育的女性下次怀上正常宝宝的概率和普通人群一样。有的妈妈生第一胎没问题，第二胎停育，之后又顺利怀孕，这种情况都有。但如果连续两次出现停育，就值得警觉，要好好检查一下原因。通常确诊停育后，医生会建议将流产物送检，即可检查出是否是染色体出了问题。但总的来说，如果是第一次停育，不必兴师动众大肆进行检查，因为导致胎停育的原因很复杂，有时妈妈的染色体没问题，爸爸的染色体没问题，但在结合时出了问题。还有时，虽然这次查出染色体是有问题的，但下次未必还是这个染色体。所以即便检查一圈，也未必能查出明确原因，还白白浪费金钱。

医生给我打了个生动的比方，一棵树上有好苹果和坏苹果，只是刚好这颗是坏苹果，下次可能就是好苹果，因此并不是树有问题。

所以，遭遇胎停，妈妈们不要自责，大部分胎停都不是因为妈妈们做错了什么。但这时妈妈虽然从理性上知道不是自己的错，还是会有一种难以抑制的痛苦。

我当时就非常自责，眼泪止不住地往下淌，感觉有个坎，就是过不去。我一直幻想是不是医生误诊了，是不是我不放弃，再换一家医院检查一下，就还可能有转机？可是，医生和家人都劝我，尽快手术，对我的身体才最好，耽误越久，伤害越大。我终于勉强认清了事实，办了住院手续，准备手术。

医生说的道理我懂，可是我还是不能把孩子和苹果划上等号。这是一个在我肚子里和我一起生活了12周的小生命啊，我曾经听到过他的心跳，是那么鲜活，那么真切！可现在……我连他是男是女都不知道，我连想象他的样子都很难做到。想到这儿我又哭了，简直成了个泪人儿，直到医生来了，说别哭了，今天就空出来一台手术，马上就可以做了。医生淡定得就和我要去拔牙一样！

本来是明天手术，老公和爸妈都回家去了，我赶紧打电话叫他们回来。他们还在往医院奔呢，医生就推着我进了手术室，我就这么把自己交给了医生。

明晃晃的无影灯在我头上，那么刺眼，我看见穿着蓝色手术服的医生围站一圈。

"大夫，我还没有生过孩子呢，我将来还想要孩子呢啊！您可千万……"我哀求着，一针麻药下去，我就没知觉了。

醒来，医生说手术很成功。但这也就意味着，我的孩子这回是真的没了……我的眼泪再次决堤，斜着一道一道淌在枕头上。

医生看我哭得这么厉害，想安慰两句，但她估计已经见过很多我这样的人，已经完全提不起精神："别哭了啊。"医生像哄小孩似的语气。

"你这种情况的手术我们每天做好多台呢。你再哭我也没东西给你擦啊。"说着，医生随手揪起我盖着的绿单子给我抹了抹。

这时我勉强欠起身，抬头环视周围，看见两侧有一排排病床，每张床上都躺着和我一样盖着绿单子的人，像一条条毛毛虫。那场面突然让我感到有些滑稽，怎么会有这么多人都做手术？这些人都和我做的是同样的手术吗？眼泪竟忽而止住了。

虽然前后只有一两天，我却感觉自己的生活发生了巨变，这变化来得太突然了，我接受不了，恍惚间，总是觉得自己没有停育，肚子里还有那个小宝宝。眼泪流了好多好多，心情也一直在低谷，甚至有一些抑郁了，走不出来。

当时我觉得自己有必要寻求一些帮助，就联系了一个朋友，她叫陶思璇，一位非常资深的心理咨询师。

我来到陶思璇的工作室，她静静地听完了我的遭遇。

"我明白了，月亮，现在呢，我们要做一件事，我们要在这里和离开的宝宝做一次告别，好吗？"

房间里播放着轻柔的音乐，陶思璇用非常非常温柔的声音，引导我闭上眼睛，引导我想象：

"你可以想象他的性别，他的样子……看，他现在向你走来了……把你想对他说的话和他说吧……"

不知为什么，我看到向我走来的不止一个孩子，而是好多好多孩子，我在心里对他们说：

"不知道你们谁会做我的孩子，谢谢你们选择我。我真的很抱歉，我们的缘分只有 12 周，但我真的非常非常爱你。我非常非常舍不得你离开我。希望我们能很快再见面，到时候，希望你还能选择我做你的妈妈。"

我在心里一遍遍地诉说着对这个还未出世就离开我的孩子的抱歉和不舍，最后，陶思璇引导我慢慢睁开眼睛。

虽然我一直在流泪，但和我的孩子做了告别后，真的感觉内心澄澈、舒缓了。陶思璇和我说，有一天，我和我的宝宝还能 "Say hello again"，这让我那乌云密布的世界又有阳光透射进来，让我看到了希望。

我回到工作岗位，同事们都很关心我的情况，一开始我还觉得自己的经历难以启齿，后来架不住同事关心，我就讲了出来。

谁料想，好几个不同年龄的女同事都说，她们也有过胎停育的经历！突然间，我找到了 "同病相怜" 的感觉。

原本以为离我很远的小概率事件，身边竟有这么多人碰上。或许因为现在的环境和过去不同，食品添加剂、空气质量等都有影响，加上人们的工作压力变大，生活作息越来越不规律，顺利地生下一个孩子，成了一件不那么理所当然的事。

也许，它本来就不是一件理所当然的事。

大约是从那时起，我开始重视怀孕这件事，决定要很认真地准备。

孕产小贴士

超过35岁怀孕，应当如何对待？

范主任提示：35岁以上怀孕，孕期和分娩风险会提升，但也有很多人因职场压力、尚未找到心仪对象等因素，不得不在35岁以上要孩子。

随着现代医学的发展，已经让高龄产妇的分娩安全性提高了，但是孕妇一定要配合医生在孕期定期产检，该做的染色体体检项目不要拒绝，要和医务人员多沟通，相互信任，这样可以最大限度地减少分娩危险。

当然，尽量还是在最佳生育年龄要孩子，这样更加安全稳妥。

科学备孕，重拾信心

朋友介绍说，广安门中医院有一位名医，叫陈瑞雪。她医术高超，曾帮助无数女性成功怀上宝宝，甚至有不少人专程从外地过来找她。但也因此，她的号极其难挂。恰巧，我有一次参加朋友聚会，和陈大夫有一面之缘。当时我对怀孕的事儿毫不上心，只是礼貌地留了她的手机号。

听朋友提到陈瑞雪的名字时，我才赫然想起，我们见过啊！

到了广安门中医院，我好奇地四下打量，看见走廊上坐着一排女性，年龄各不相同，听说话口音，人也来自天南海北。这里有人很年轻，不知什么原因怀不上孩子；有人是来看第二胎的；有人和我一样经历过停育；也有人是想通过调养，要一个更优质的宝宝。我又想，这么多人都找陈大夫，说明陈大夫果然厉害！心中不由得升起一丝期待。

"王昊！"

听见叫我名字，我赶紧溜进诊室。

陈瑞雪大夫东北腔，说话直爽，特别亲切。我详细地讲了之前停育的经历，诉说了自己的忧虑："陈大夫，我年纪这么大了，又有过一次停育，还能再要上孩子吗？"

我忧心忡忡，但陈大夫诊断后，自信地笑了笑，说我的身体经过系统调理，下次妊娠成功率是极高的。

阴霾一下就扫除了一大半。

"但是你要认真调理。"陈大夫的笑容中又有几分严肃。

我以为陈大夫的药方会很复杂，价格很昂贵，其实就十几味药，每次去缴费，我都怀疑自己是不是看错了价格，才几十块钱！

但陈大夫还有其他"药方"。她每次都会给我"布置功课"。如月经期间的第2～4天检查"激素六项"，解除避孕后的第一个月监测卵泡……她会结合西医的化验单对药方进行调整。

陈大夫不仅指导我备孕需要做什么，定期给我调整，还给我传播一种积极的信念，给我很大信心。她让我再次相信，我肯定能有孩子。我所担心的问题，都不是事儿。

只是，一开始积极性满满，时间一长，就有点懈怠了，有时因为工作忙就没去监测卵泡，也没去看陈大夫，药时吃时停。

大概半年过去，经我介绍去看陈大夫的几个朋友都纷纷报喜，我却还没有动静……

"陈大夫，您说我身体不会真有问题吧？怎么我推荐的几个朋友都怀孕了，我还没有呢？"

陈大夫笑了一下，仿佛我在明知故问，"月亮啊，你自己说说，你多久来找我一次？你按时吃药了吗？"

一句话直戳痛处。

按陈大夫所说，我那几个朋友个个都按时找她，认真吃药、抽血化验、监测卵泡，所以几个月间，一个个都有了好消息。而我不仅三天打鱼两天晒网地吃药，工作节奏还依然很快，不曾放松。

我听了有点不敢相信，别人真的都那么认真吗？

"陈大夫，煎药太麻烦啦，我工作忙没时间呀。"我自知理亏，支支吾吾地找着理由。

对我这种不能坚持煎药的忙（懒）人儿，陈大夫还真有对策。她给我开了颗粒剂，有点像感冒冲剂，由药房将药研磨成粉末，装进小盒，冲水即饮，出差也能方便喝。这种药见效比汤药慢点，但坚持吃，也是有效果的。

"怀孕啊是件科学的事儿，当然得认真对待了。"陈大夫就像听到了我的心声。

可能很多人都和我一样，直到认真备孕才知道"卵泡"这种名词，更别提每个月跑医院监测卵泡了，一听就觉得很麻烦。其实"监测卵泡"一点也不深奥神秘，它是现在医院生殖科常用的辅助怀孕的手段。

女性一生能排出的卵泡是有限的，通常一个月排出一个卵泡。只有这个卵泡发育到一定大小标准，即形成优势卵泡，并成功排出，与精子结合，才有可能怀孕并生出健康的宝宝。有的女性因为一些原因，排卵不规律，并不是每个月都能形成优势卵泡，这样的话通过自然努力就很难怀孕，所以首先要在医生的要求下，通过 B 超了解自身情况，再针对性地备孕。

对高龄产妇来说，B 超监测尤其重要。在卵泡发育情况较好的月份怀孕，还能降低胎停育、胎儿畸形等问题出现的概率，有助于生出一个健康的宝宝。

给我做 B 超的医生叫曲丹妮，她也是一位非常权威、有经验的生殖科医生，曾帮助无数家庭孕育宝宝。

虽然我看不懂 B 超影像，但曲大夫总用幽默又形象的方式给我讲："哎，这个月的卵泡发育得挺大的，挺圆的，这个月有希望啊，别偷懒加把劲！""哎，这个月卵泡发育的嘛，差点意思，放轻松放轻松。"

过去，围绕女性怀孕生子这件事，有很多封建迷信，让那时的女性受了不少罪。现在有赖于医学进步，我们有了更科学靠谱的手段辅助怀孕。我觉得这是我们这个时代的女性的幸运。

还有一种方法能帮助备孕的女性找准排卵期、了解月经周期——测基础体温。

将体温计放在床边易于拿到的地方，每天早上一睁眼，不说话不动，将体温计含到舌下，之后将体温记录下来，陈大夫会根据基础体温了解我的排卵是否正常。女性的基础体温会随着月经周期变化，排卵后的体温一般会比排卵前升高 0.3 ~ 0.5° C。

只是，通过测体温监测排卵不能绝对保证准确，坚持起来也比较难。一方面要每天早上都监测，坚持 2 ~ 3 个月才能比较清楚地把握排卵情况；一方面早上醒来一旦忘了测体温，起身下床走动了，说话了，结果就不准了。

用排卵试纸检测也是一招，但这种方法也有弊端，有些女性本来月经周期就不准，一开始得多测几次才能确认排卵期，且排卵试纸自身也存在一定不准确性。

最准确的方法还是 B 超，就是麻烦一些。这些方法各有利弊，根据自己的实际情况选择就好了。

▲ 陈主任（左二）也加入了我的"闺蜜团"。

这回，我真的老老实实、一丝不苟地按照陈大夫的指示喝中药、监测卵泡、按时测体温、化验……万事俱备，我越来越期盼自己能尽快有一个健康的好宝宝。

孕·产·小·贴·士

有过一次胎停后，何时可以再备孕？

最少三个月，最好是半年，这样能给子宫内膜充分修复的时间。

医生有一个非常形象的比喻，子宫就好像土壤，土壤肥沃，种子就更容易茁壮成长。

热敷之法，补肾养阴，有助备孕

将小茴香干炒，炒热炒香，碾碎后每天取 20 克倒入煎剩的药渣（药渣需沥干，有潮热温热感即可）中混匀，用纱布或自制小布袋包好，每天放于腹部温敷 20 ~ 30 分钟（腰疼的患者也可以外敷腰部）。

需注意药渣温度不能过烫，本来有手足心热或过敏的人群忌用。

解除避孕后要在排卵前外敷，排卵后停止外敷。

如无煎剩的药渣，可在药店购买艾灸盐袋，使用时将盐袋放入微波炉加至温热即可外敷。亦有充电加热的艾灸盐袋，按说明书使用即可。

备孕就像一次全方位的养生

要保持平常心，不要着急，放轻松……这些话啊，劝别人时简单，真到自己头上，就很难做到了。当初有一搭无一搭地备孕，反而很快就怀上了，这次认真了，却迟迟不见动静。越认真，越有期待，越期待，就越嘀咕。每每月经推迟一两天，我就琢磨着，是不是有了啊？一测，没有。过两天不放心又测一次，还是没有，心里就开始起急。

家人笑我，你呀，都可以开个卖早孕试纸的店了。原来我怕一种牌子的不准，想多用几种牌子对比，所以在家囤了好几种牌子的试纸。

说来也奇怪，有几次我的月经推迟，确实在早孕试纸上隐隐约约看到两道杠，但跑到医院一测，阴性。其实大部分情况下早孕试纸的检测已经很准了，但想知道最准确的结果，还是要到医院测血值（HCG，人绒毛膜促性腺激素）。每当一道杠还是两道杠看不真切时，我都疑心重重地去医院测一测，以防万一。

由于我测的次数太多了，给我测血值的大夫也认识我了，她每次远远地看见我就笑着说："月亮，又来了啊，希望这次不是诈和！"

怀上宝宝后，很多人都向我打听吃什么有助怀孕。其实我备孕期间没有什么特别的食谱，只在医生的指导下补充了必要的微量元素。叶酸通常是要补的，孕妇吃的复合维生素也可以提前吃上，怀孕前我吃了一年左右。医生建议我每天喝牛奶，补充优质蛋白。总之，营养要全面、均衡，尽量不要挑食。

近来，我听一位营养专家说，"没有垃圾食品，只有垃圾吃法"。高油、重盐、高糖、腌制的食品有害健康，并不是食物本身不好，只是做法和吃法问题。所以不必刻意关注吃什么，而应该关注怎么做，怎么吃。

很多不推荐备孕女性吃的食物，其实对普通人也一样，都不该多吃，但如果实在馋得不得了，只要不是绝对不能吃的那些，稍微来一点也无妨，不必把自己逼得太紧。

除了饮食，还需要适当运动。过去我的人生宗旨是——生命在于静止！实在不爱动啊！陈大夫和曲大夫都反复对我强调运动的重要性。可长期不动的人，一时培养起运动习惯也难。跑步？太累了！去健身房？我又嫌空气不好。于是我就选择了最简单的运动——户外散步。

我每天迎着夕阳，和小区的大爷大妈一起在便民健身区悠闲地锻炼，呼吸着新鲜空气，眺望着黄昏美景，听大爷大妈话话家常，闻着远远飘来的饭香，在如此接地气的氛围里，我身体放松了，心情畅快了，大半年过去，不仅体型保住了，气色也好了很多。

备孕备什么呢？按范主任的话说，备孕其实就是让自己的节奏放缓，心情放松，工作压力不要那么大。

我那时还特意不喷香水、不染头发、不做指甲，因为我胆小，怕这些会影响怀孕，其实都没有那么绝对。备孕就像一次全方位的养生，有些事对身体有好处，可以做，有些事对身体不好，就避免，但都不必太较真，太苛刻。

我觉得在孕育生命的背后，蕴含着一种简单但深刻的哲学。不要刻意用力，要找到身体自然的周期，同时不要太过忽视，要关爱自己的身体。凡事，正好最好。

终于，就在某一个我并没有抱太大期望却又似乎冥冥中注定的日子，曲大夫看着我的抽血结果，高兴地对我说："这次不是诈和！"

高兴之余，我突然想到：哎呀，家里还囤着好多试纸呢，各种牌子的。

那些就当作是我盼望小正好到来的那份心情的证据吧！

孕 产 小 贴 士

没有怀孕，但出现月经推迟

备孕期间，很多准妈妈都会跟自己的月经周期过不去，月经准时会失望，月经推迟又紧张。

其实精神高度紧张可能会导致内分泌失调，进而导致月经不准。还是应当心态放平，顺其自然。

备孕同房周期

陈主任提示：如果很久不同房会影响精子质量，月经干净后先同房一次，精子排出后在体内能存活72小时，卵排出后能存活24小时，在排卵期隔天同房会提高怀孕的概率。

我暂停了所有工作

确认怀孕后，我做了一个连自己也感到吃惊的决定——暂停所有工作，回家专心安胎。

起因是，怀上正好后没几天，我就有一点出血。吓得我赶紧去医院，排除了宫外孕，可是宝宝月份太小了，B超大夫根本看不清，又怕位置不好，别是宫角孕。医生说得再等上一周才能复查 B 超。我心惊肉跳地挨过几天，战战兢兢地复查了好几次，反复憋尿，像闯过一道道难关，最终得知没事，才长出一口气。

所以，"正好"这个名字，就是这时想到的。我希望我的孩子长得正正的，好好的，能平安降生。可见我保住这个孩子的愿望多强烈！

刚一怀孕就这么折腾，我的神经变得敏感，有之前停育的经历，再加上我年纪确实大了，这次要再有什么意外，我真的很担心之后不能再要孩子了。

于是，回家专心安胎的想法在脑海中迅速浮现、清晰、坚定。

我和少数几位领导提了一下自己的情况，他们都表示理解，会帮我安排。只是我还有些放心不下。当时我不仅有台前主持的工作，还担当着一档叫《音乐快递》的节目的制片人，承担着很多幕后编排工作。我若突然离开，要交接的事情太多了，这样势必会给频道和其他同事造成麻烦。

一时纠结，毕竟这是一个挺大的决定，不能草率。我将自己的想法一五一十地告诉老公，想听听他的意见。

老公平时就非常在意工作和生活的平衡，他是学小提琴专业的，常常需要把节奏放慢，花时间去聆听大自然中动人的音符，品味生活中点滴美好。所以，我在工作岗位上奔的时候，他总是给我"扯扯后腿"，让我放慢脚步，休息休息。

当我和老公商量是否要停下工作回家养胎时，果不其然，他表示赞成。

他说了一个关键的理由，很打动我，"有一个自己的孩子，也会让你对工作有更多理解。"

这也一直是我的一个小小的心结。

我是做少儿节目的，但是自己却没有孩子。我给家长煞有介事地讲着育儿知识，自己却没有实践。平时遇到几个月大的小宝宝，我都不敢轻易抱，战战兢兢怕给抱坏了。我做的节目里有个"宝宝爬"栏目，参加的都是 9 ~ 11 个月的小宝宝，他们在节目中摔倒了，我想上去扶，却又不敢，犹豫不决间，家长已经把宝宝扶起来了。我心底总有一块是虚的。所以，为了弥补我的工作中很关键的一个缺失，我的确应该有一个自己的孩子。

我就这样暂时离开了工作，心中有不舍，有担心，但也无怨无悔。

工作还是孩子？我觉得这个问题不应该仅仅是抛给女性的一个选项。社会的认知还应转变，生育压力不能仅仅由女性来承担。我真的希望各个单位能给怀孕的女性理解和宽容，消除歧视，让准妈妈们不要在承受着怀孕压力的同时，还面临生存的挑战；不用为了偶尔需要去产检没按时打卡而被扣工资，看老板脸色；不用因为不能"996"就被公司责难甚至辞退。当然，如今国家也出台了许多保护妇女权益的政策，当妈妈们曾经在职场上当"拼命三娘"时，也许无暇了解太多，如果怀孕了，还是要及时了解相关法律法规政策，用法律保护自己。

有时候当你撤出来，站远一点时，你会对自己的位置更清楚。我们要对工作负责，要努力、尽力，这是对的，但同时单位离了任何人都不会不行了，所以也不要把自己的存在看得多么不可或缺。这样想，你会更理智，更能放下一些不必要的心理负担，合理安排工作与生活。

我希望每个人都能做一个幸运的人，这种幸运不是天降的，而是我们自己争取的。工作中最大的幸运，就是做自己喜欢的事。一旦一份工作是自己的热爱，是自己的兴趣所在，那么即便工作中遇到再大的困难，都不会阻止你前进的脚步，你都会为了目标和理想坚持下去无怨无悔。那么即使怀孕了，不得不去上班，工作也会给自己带来很多乐趣与活力，而不是负担。

如果没有那么幸运，或者甚至不知道自己到底喜欢什么，那么我觉得就要告诉自己：干一行，爱一行，而不要干一行，恨一行，抱怨一行。我们的心态不仅会影响每天工作的心情，也会影响肚子里的宝宝。如果每天都说："我太惨了，为什么我怀孕了还得上班，还得每天挤地铁，老公也不能帮我，不理解我，单位压力还那么大……"那每天一开始自己的心情就是沉重的。可沉重也是一天，轻松也是一天，为什么不让自己轻松点呢？

我相信，心态会引导我们的视野，影响我们每天看到的、听到的、接触到的。正能量会带我们走向一个开阔的世界，接触更多正能量的人，让整个人状态越来越积极。

不过我也要呼吁，每一位女性在要孩子之前，一定要想清楚。你是否会为这个生命负好责任？这个孩子的到来，是不是你发自内心、真心期盼的？

我看过一些让人非常痛心的事例，一些女性生完孩子后把孩子丢弃，有的孩子在家庭中遭遇虐待，这样的孩子真的太可怜了。我们要对自己负责，同时也要为一个生命负责。当觉得自己已经做好一切思想准备的时候，再把一个生命带到这个世界上吧。也许这个决定对很多人来说真的不容易做，会焦虑、徘徊、犹豫。但一旦决定要这个孩子，就请好好和肚子里这个生命相处吧。我相信当这个孩子来到世上，一定会给你带来很多美好。如果三思后感到自己确实无力承担起抚养的责任，也还是要尽早下决心。这个决定只能由自己做，无论怎样，都别让自己后悔。

当高龄产妇遇到孕期出血

因为出血，我去医院做了 B 超，结果我和孩子的状况都很好，我不敢相信，又反复咨询了中、西医的意见，医生都说我的情况没什么大碍，应该正常起居活动，只要不剧烈运动就好。但我左思右想，就是不放心。

在我的想象中，胎儿就是个小细胞，只要我每天待着不动，小细胞就会粘得比较牢，我若一动，小细胞就——啪——掉下来了。不怕一万，就怕万一啊！

所以头三个月，我几乎长在家里，不敢外出，不敢轻易活动，生怕一个没动好，前功尽弃。

后来我和同事、朋友交流，发现很多女性，尤其是年纪稍微大一些的、有过停育经历的，一旦孕期出血就非常害怕，以为一定是先兆流产。为此，我后来又咨询了医生。

医生是这样告诉我的：孕期发现出血，先不要紧张，先去医院，查一查宫内有没有问题，看看宫颈、产道有没有局部出血，监测一下孩子的胎心，如果这些都没有问题，出血就是正常情况，可以不用特别担心。那为什么会无端出血呢？因为怀孕后子宫和胎盘都会慢慢长，它们生长的速度有时是不一样的，两者之间发生错位，边缘血窦毛细血管可能会发生破裂，所以会出点血。这种出血不会有什么危险。

这样说可能很专业。一句话，如何判断出血是不是危险？以医院的检查为准。

可我那时不放心，每周去医院打一次黄体酮。黄体酮是一种孕激素，有助于保胎。我还总是偷偷去测血值，因为孕早期宝宝如果发育正常，HCG 会隔天翻倍，我看确实翻了，心才踏实。结果那段时间我打了好多针，抽了好多血，都快被扎成筛子了！

后来遇到范主任，她问我："你为什么要打黄体酮？你确定你是黄体功能有问题吗？"

我支支吾吾地说："我看好多人都说保胎要打……"

范主任叹了口气说："我知道，你们很多人都不放心，非要打。可是在医学上，除非是通过检测证明确实是黄体功能不足，才需要用黄体酮保胎。如果不是这样，你打也没用。何况，现在谁也没法保证这种盲目用药是绝对安全的。"

范主任还经常跟我说，是你的，终究会来，不是你的再怎么珍惜也没用。最好心态放平，顺其自然。

这话是有科学道理的，因为医学上，大部分停育流产其实是因为染色体有问题，这种情况下注射黄体酮保胎是没用的。保胎不可盲目，就算 HCG 数值不好，也要先弄清原因。

可那段时期的我，不仅打黄体酮、测血值，还干脆每天卧床。

我买了各种大小形状的抱枕，把床布置得舒舒服服的。架个小桌板，支起平板电脑，刷过去工作时无暇看的电视剧、电影，玩一些休闲小游戏。还不敢看和玩太刺激的，就接触一些舒缓、放松的。

一切影响妊娠的食物我都不碰了，如山楂、韭菜、桂圆、榴梿、咖啡……

后来医生说，其实不必这般小心。大部分食物，只要烹饪方式健康，普通人能吃的，孕妇也能吃。

▲ 怀孕后的中秋节，和闺蜜们聚会，大家围着我"望月"。

只是我那时胆子特别小，什么都拿不准，就都免了。我多喜欢大闸蟹呀，怀孕期间只能闻着香味流口水。因为我看书上说，大闸蟹性属寒凉，不推荐孕妇食用。

范主任听说后笑着说，大闸蟹一年里不就那段时间有？你能吃多少？

我说，范主任，我能吃六只！

范主任沉默了一会儿说，哦，那你还是少吃点吧。

有人说咖啡影响怀孕，但其实如果每天喝一小杯，不超过 200 毫升，医生说问题也不大。

可我就觉得，不行不行，还是别碰了，万一呢。

范主任后来一句话点醒了我，她说：孕妇不是病人，孕妇只是处于特殊时期的正常人。现在太多人一怀孕就把自己当病号，身边人也过度小心，这反而把心情搞得非常紧张。

那时，我就是过度紧张的典型，藏在家里，长在床上，任凭体重飙升，只求个心安。谁想这样过度保胎，反而带来不好的后果。这我后面再细说。

老一辈流传，怀孕头三个月最好保密。所以我只把自己怀孕的事告诉了几个密友和工作中几位关键领导……抛开迷信，也是因为怀孕头三个月是最容易流产的阶段，我怕一旦说出去，又遇到什么变故。那段时期，不知情的同事邀请我参加各种节目，我都不好意思地找各种理由推掉。

三个月后一解禁，我马上给各个导演和制片人打了电话，也向同事们公开了自己的喜讯，大家都表示谅解，也都为我高兴。实际上同事们早已猜出我怀孕这件事，只是人家不说破而已。台里好几个女同事也都围着我，亲亲我的肚子，拉拉我的手，这叫"接好孕"。

也希望看到这篇文章的时候，想怀孕的妈妈们都能接到这个"好孕"！只是如果可能，不要像我那样，怀孕后就成了个十足的胆小鬼！

孕产小贴士

孕妇什么情况下应当卧床？

应当在产科医生的建议下，遵医嘱卧床。在传统观念下，孕期出血即是先兆流产，应当卧床静养。但本节已提及，不是所有孕期出血都是先兆流产，在医院检查没问题，医生也认为应当正常活动时，孕妇不要盲目卧床。

第一，长期卧床会让血液循环变缓，容易造成静脉血栓，进而可能引发致命的肺栓塞。

第二，长期卧床导致体重迅速增加，容易引发孕期高血压、糖尿病、巨大儿等，且后期不易顺产。

黄体功能不足的迷思

很多孕妇总是下意识地认为自己黄体功能不足，一怀孕就要流产。范主任常问孕妇一个问题：

"你原来月经正常吗？"

如果原来月经是正常且规律的，那就说明黄体功能没有问题。范主任还经常指出：

"难道你几十年黄体功能都没问题，一怀孕就有问题了吗？"

很多时候，我们只了解一些医学的皮毛，知其然不知其所以然，不听医生的，很多过度治疗，都源于自己胡思乱想。

月亮当了回月老

怀孕期间，我当了一回红娘，成就了一桩喜事。

喜上加喜的是，我撮合的这一对不仅同为我的大学同学，还分别是我最重要的女闺蜜和男闺蜜——春妮和刚强。

自大学相遇，到2016年我怀孕，足足二十个年头，这么长时间里，他们俩不断地擦肩而过，成功错过彼此。按他们现在的话说，当年同班时，两人互相说过的话不超过二十句。幸好兜兜转转，终于又都碰上了我，他们的缘分算是来了。

经过怎样？听我道来——

我和刚强也算是早有渊源，他是我的山西老乡。初识源于我们一起参加了一台节目，刚强第一句话一出，全场观众都立即记住了他的声音，我也惊了，这男生的嗓音太好听了，太有磁性了吧！

后来，中国传媒大学（当时叫"北京广播学院"）招生，那一年整个山西省就招了两个人，就是我和刚强。

再后来，我和刚强都进入央视工作，又成了同事。

刚强这人，不仅专业能力极好，还正派踏实、多才多艺、孝顺父母，是个典型的"三好男人"。

再说说春妮吧，我们在大学相识，很快，她就成了我最好的闺蜜。春妮这人，专业能力也极好，漂亮，聪明，善解人意。一晃我们毕业都二十年了，连我都怀孕了，她还一个人呢。我那会儿心心念念的，就是把春妮嫁出去。但也不敢乱点鸳鸯谱啊，春妮这么好一姑娘，确实得精挑细选，随意不得。

终于，契机来了。一日我老公的团里有一场演出，我邀请好友们前来观看，春妮和刚强都邀请了。演出结束后，我们去聚餐。

餐桌上，又聊到春妮找对象的话题。她曾经对我说过，她喜欢斯斯文文的类型。我无意间一回头，刚强正好进入我的视线，一对焦，我乐了，开玩笑地对春妮说："你看刚强是不是挺合适？他戴个眼镜，不就斯斯文文的吗？而且他也单身，我看你们俩就凑合凑合吧！"

说得春妮和刚强一下脸红了，其他人哈哈大笑。

当时于我而言，这就是一句玩笑话，其他人也一笑而过，不太当真。只有我老公觉得这不是一句玩笑，他觉得春妮和刚强确确实实是特别合适、特别有缘分的一对儿。

把他俩撮合成，是很考验功力的。春妮若不是太矜持，也不会还单着，刚强要不是那么腼腆，孩子估计都能打酱油了。他俩真是天生一对，之前兜兜转转良缘难觅，敢情是一直等着对方。能把他俩撮合成，也是一件很有成就感的事。

还记得为了让他俩约会，我和老公煞费苦心。大冬天的，我联系他俩，说北京某某地儿有个灯光秀，特别好看，咱们一起看看去呗。当日，他俩都来了，到约定地点等我和老公。我俩假装找不到路，问他们："那个地儿有什么标志吗？你们拍张照片看看？"在我俩的要求下，春妮和刚强拿手机合了个影，还很认真地跟我说背后有什么什么建筑。我们才不关心什么建筑呢，一看照片，这俩人简直太般配了，这不是天造地设吗？于是乎，我和老公掉转车头，一踩油门，回家喽。半路上，春妮还急着给我打电话呢，连连问你在哪儿啊？刚强也同时给我老公打电话，说你们俩快来吧，这儿就我们俩很尴尬呀。我和老公哈哈大笑，说没事没事，慢慢待会儿就习惯了。接着电话一挂，我和老公就再也不接了。

功夫不负有心人，这二人终于走到了一块儿。能把两个最好的朋友撮合成，我心里那个高兴啊。

我在家安胎期间，每天不是接刚强电话，就是接春妮电话，我给这边解释着，那边建议着，都快成了半个心理咨询师了。

要是我当时还在工作状态，可能也没那么多时间管他们俩。所以我相信，一切都是最好的安排，这段缘分也是老天铸就的。我就辛苦辛苦，把这红娘当到底吧！由于"春妮""刚强"这两个名字在我怀孕期间出现的频率实在太高，我半开玩笑地说："将来这孩子先会叫的估计不是爸妈，而是春妮和刚强！"

终于，我怀孕五个月时，这一对喜结连理。领结婚证那天，他们连各自父母都还没来得及请，就请我和我老公吃了顿饭。餐桌上，两人突然捧出一个莲花的装饰品，说是送给"莲花姐姐""莲花姐夫"的礼物。我问为什么是莲花啊？他们笑着说，你们俩为了我们的事，这段时间费了那么多口舌，不是"口吐莲花"吗？

后来，我们的儿子"正好"和他们的儿子"刚好"相继出生，我相信，我们的缘分一定会一直延续下去……

▲　春妮抱小正好，我抱小刚好。
　　两位爸爸相视一笑。一辈子的友谊才刚刚开始。

最好的胎教，是妈妈的好心情

正好的预产期赶上 2017 年春节，按正常周期推算，他应该在春节后出生，属鸡。但要是他提前一点呢？在春节前生，就属猴了。

我爸和我舅舅都是画家，舅舅画猴一绝，我特意去学了两笔，回来后天天画。一张张小猴画，把家里堆成了个猴山。老公看了直说："行了行了，别画了，咱要生个儿子还行，要生个闺女，猴儿了吧唧的，还得了？"

于是我先不画猴了，又画了一些鸡妈妈和鸡宝宝的画。

其实当时我很希望正好是个女孩，买了许多粉色的小衣服，朋友见了对我说，先别着急买呢，万一正好是男孩呢？

最终，正好果然是男孩，而且刚好在预产期那天出生，属鸡。不过当时我画的那些小猴也有了意外之用。

我怀孕还不到一个月时，春妮节目组的制片人说要组织一场慈善晚会，想请我画一张小猴的邮票。我一听这不现成的吗？我这儿有一猴山呢！制片人说太好了，晚会那天你可得来啊！

我赶紧找了个借口："不行啊，我脚崴了……"

"是吗？严重吗？我给你准备个轮椅，你坐着轮椅……"

▲ 先画了一猴山,又画了一鸡窝,我的小正好到底会属什么呢?

"不用了不用了，我想我还是不去了吧……哈哈……谢谢您啊！"

我尴尬地挂断电话，深吸一口气。说谎可真累啊，时时刻刻要防止被戳破。

这张猴票加上一些我和小朋友一起画的画，后来竟拍出了二十多万的高价，大出我的意料，这还让我有点小得意呢。拍卖金都给了朱广权担任爱心大使的中国儿童少年基金会。

朱广权，我平时管他叫小朱，我们也是关系很好的朋友。小朱是个特别有才的人，总是口吐金句，人人对他都赞不绝口。其实这源于他平日的积淀。私底下，小朱特别热爱文化艺术，非常内秀。他总是组织我们主持人去故宫，去各种名胜看展览，招呼我们去拜访艺术家。

小朱的印章刻得特别好，他听说我在画小猴的画，就和我约好，我送他一张画，他给我刻个印章。不久后，画画好了，他的印章还没刻好。我说，等你把章刻好，盖在画上，我再送你这张画吧。小朱马上说，别，月亮，以我对你的了解，你很有可能回头就把我这事儿给忘了，这画先给我吧。

真的特别感谢他当时的决定，不久后我孕傻，真的把和小朱的约定忘了。幸好已经把画给了他。后来我的画上"月亮"两个字，都来自他给我刻的章。

一段小插曲，在此我要向小朱表示感谢。

▲ 拍卖会上的"猴票"。

除了画画，怀孕期间我还写写书法，烦躁不安时就抄写《心经》，让内心平静下来。偶尔听听歌、唱唱歌。听的就是我自己写的儿歌，自己唱自己录，然后自己听。人家说你真够自恋的呀，其实我的目的是让小正好提前熟悉一下妈妈的声音。

不过按医学研究的说法，羊水会遮蔽大部分外界声音，宝宝应该很难听到，但又不是绝对听不到。有人说爸爸的声音比较低沉，更容易穿透羊水，所以提倡爸爸多隔着肚皮和宝宝交流。

我和老公都爱和小正好说话，就是当时不知道他是男是女。于是……

"正好呀，你真是个可爱的小伙子……哦不对，小姑娘，或者小伙子，爸爸妈妈还不知道你是男是女，总之你不要生气哈！是男是女爸爸妈妈都喜欢你，都爱你！"

这样的交流经常上演着。

胎教有没有用？很多家长都很关心。我觉得有没有用不好说，最重要的还是怀孕期间妈妈要愉悦自己。如果一件事妈妈做得很痛苦，我觉得就没有必要。就拿听古典音乐来说吧，据说有利于孩子的智力开发，可有的妈妈真心不喜欢古典音乐啊！每天听啊听啊都快烦死了，还坚持听。真的很钦佩妈妈们的毅力，但我觉得这样的胎教对孩子的作用不会太大。

还有饮食胎教，自古以来各种食谱五花八门。怀孕期间妈妈的营养的确要均衡充足，但"吃啥补啥"就不好说了。比如"吃葡萄长大眼睛"。我有一好友，眼睛比较小，特别渴望孩子有双大眼睛，另一朋友就隔三岔五给她买乒乓球那么大的葡萄。孩子降生了，结果还是个小眯缝儿。送葡萄的朋友直说："还我葡萄钱！我给你买的是葡萄，不是葡萄干！"

有的妈妈听说吃某某食物对孩子有好处，即便自己不爱吃，也豁出去拼命吃，甚至吃到自己想吐。我觉得这样大可不必。

关于胎教，我也遇到了一件神奇的事，至今还不知怎么解释。怀孕期间，我听得最多的一首歌就是自己唱的《爱我你就抱抱我》。这首歌在幼儿园流传甚广，没想到我住的那家月子中心也有了。正好出生后，我带他在月子中心洗澡，背景音乐播放的正是这首歌。前奏刚响起，我还没说什么，只见正好突然很明显地静下来了。刚才他还像条小鱼似的在澡盆里扭来扭去呢，刚听到音乐前奏就不动了。小眼睛亮亮的，像是在四下寻找这声音的来源，很明显他对这首歌是有反应的。

是因为他熟悉我的声音，还是因为他熟悉这首歌的旋律？这和我在怀他的时候经常听这首歌有关系吗？不得而知，我情愿相信是有关的。

▲ 2016 年，《听》。

沉浸在大自然中休养身心

备孕的时候，看别的孕妇有个大肚子，"孕"味十足，我特别羡慕，好不容易怀孕了，我就盼着自己也早日显出肚子来。

成天在镜子前照，左看看右看看，终于到了三个月左右，腹部有些隆起了，产检时，我兴冲冲地对范主任说：

"范主任，您看我这个是显怀了吧？"

范主任瞄了一眼我的肚子，冷静地说：

"你那个，是肉。"

范主任还说："有点胖了啊，你得少吃点。"

怀孕期间，妈妈们还是要稍微控制一下自己的胃口，不要任由体重增长。碰上爱吃的，不要借着怀孕大吃特吃，零食也不要吃太多，虽然孕期很容易饿。

怀孕期间太胖是有很多危害的。可能会诱发孕期的各种疾病，如糖尿病、高血压……身体囤积太多脂肪也会在顺产时给产道带来压力，增加难产、产后大出血的概率，妈妈们一定要重视。

说一千道一万，其实就一个字——馋！

长肉太多，有一个直接影响很快就显现出来——三个月时，和我同时期产检的孕妇都有胎动了，就我没有。

"范主任，怎么别人都有胎动了，我还没有呢？"

范主任又瞄了一眼我的肚子，淡淡地说：

"因为你肚子上的肉太厚了，所以感觉不明显。你不能老在床上躺着不动，你得多活动活动啊。"

很多准妈妈都想问怀孕期间可以做什么运动，我觉得这是因人而异的，拿不准最好还是先咨询一下医生。如果产检各项都没问题，可以选择一些舒缓的运动。最推荐孕妇的运动是游泳，但一定要穿好防滑鞋，在人比较少、卫生的泳池里游。也可以做一些适合孕妇的舒缓运动，打打太极拳、做做瑜伽、散散步。我还是因为胆小，就选择了散步，每天走一万步以上。但是我走得太慢了，运动量不够，导致体重还是不断飙升。

那一年，北京雾霾很严重，我开始咳嗽，老公建议我去他老家四川，那里空气湿润，我去了后果然不咳了。在四川，我过了一个很难忘的生日，收获了一份意想不到的礼物：

我终于有胎动了！

那是金秋十月，我怀孕大约五个月，第一次感觉到我的肚子那么鲜活地跳了三下，是正好踹了三脚呀！我激动得啊，哭了出来。我的心都融化了，恨不得马上到生产那天。那天，我和正好说了好多话，诉说着对他的期盼。从那之后，我期待着每一次胎动，把它当作正好和我的"对话"。我拍拍肚皮，他就动一动，特别有趣。我吃东西时正好也喜欢动，老公说正好真是个小馋猫。

朋友介绍说海南木棉湖的空气好，可以去那里安胎。我小心翼翼了好几个月，也有点憋得慌，范主任又给了我"特赦"，建议我多活动，于是我就放下心动身了。说来也巧，到了海南，我又碰上了范主任，就跟我们俩一起去了似的。原来她正好去海南有事。真是缘分呀！我找她做了一次面诊，那时我怀孕六个月左右，范主任说我整体状况都不错，我就放心在海南待了下去。我和范主任还一起看了场选美比赛，当时我兴致勃勃，心情大好，怀孕初期的紧张早已抛到了脑后。

木棉湖有个封闭式的度假社区，里面生活设施俱全，从住的小屋步行，穿过一片森林就可以到湖边。森林里常常有小动物出没。小松鼠、小野兔在草丛里快速移动，发出窸窸窣窣的声音，鸟鸣声环绕，风吹树叶，沙沙作响。大自然的声音多美妙啊，像是天然的交响乐。在林间深吸一口气，整个人都焕然一新。

忽然就走出了森林，眼前一片开阔，湖面上星星点点，闪烁着波光。夕阳西沉的时候更美了，像一位技艺高超的画师，将精心萃取的金色颜料泼在湖面上，那光芒耀眼极了，让人像置身于天堂。突然水面一动，哗啦一声，一条小鱼跃出，在空中卷起闪亮的银线。

这里的生活节奏很慢，宛如到了乡间。每天出门散步遇见同一社区的住户，不管认不认识，对方都会热情地打招呼。在大城市里待久了，平时对人都有着不自觉的戒心和距离感，在这里，大家都把心敞开了，放下了。

自怀孕时一住，我就爱上了木棉湖，不仅爱那里的风景，更爱那里的淳朴天然。

▶ 在木棉湖日日画画，将我对孩子的期盼诉诸笔尖。

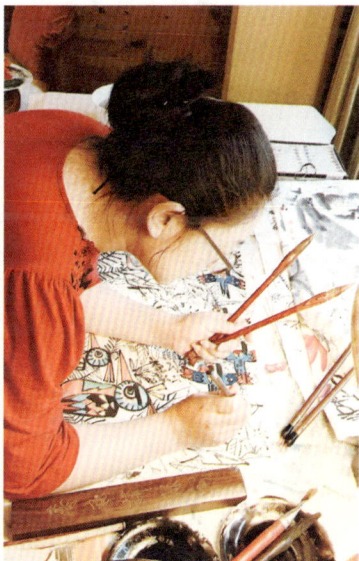

我每天挺着大肚，在夕阳下漫步，在湖边吹晚风，在小屋里画画。画风景，画亲子主题的画，画怀孕的女人。满溢的情感啊，在笔间挥洒，好像有诉说不尽的爱意源源不绝地涌出。

在三亚的医院，我第一次看到正好的四维图像。图像上的他小手在耳边卷着，好像在敬礼，样子特别逗。

有一天，我走了挺多的路，去看70万年前留下的陨石坑，在陨石旁，望着辽阔的天空，我在心里不住地许愿，希望我的小正好一定要健康、平安。

我说了几千遍，几万遍：妈妈是真的真的好爱你，真的真的很感谢你能来到我身边。

我在那里度过了人生中最安静、最平和的几个月。直到八个月了，有几项重要产检必须做，我才恋恋不舍地回京。

孕 产 小 贴 士

孕妇能否外出旅游、出差？

首先，孕早期（怀孕12周内）胎儿还不稳定，不要去旅游、出差。孕晚期（怀孕28周后）也不要（我是反例）。怀孕中期，即第12周到第28周，在医生的许可下，孕妇是可以外出的。但是注意不要过于劳累，行程不要安排得太满，产检依旧要按时做。

▲　2016 年，《月光下的木棉湖》。

▲ 2016年，《哺育》之一。

产检不是敌人

说到产检,脑海中马上浮现出的就是那长龙般的队伍。一年 365 天,任何时候去医院,人都乌泱乌泱的,让人望而却步。

我倒是乐于和其他孕妇聊天,边聊边等,有几位孕妇经常能碰到,渐渐也就熟了,也会分享一些怀孕育儿的信息。只不过很多比我小的人都是怀第二、第三胎的,竟然还有"80 后"怀第四胎的!听到我是第一胎,人家都特别惊讶。

虽然每次都乱糟糟的,但我觉得还是要正确认识产检:有机会能做产检还是我们这代人的幸运。别说我妈怀我那会儿,就算 90 年代,产检也没有如今这样细致。当年流程都很简单,安全保障自然也不如现在。

上一辈会说:"看把你们现在娇气的,我们那会儿生之前还在地里干活,突然就要生了,生完立马就下地了。"

确实有一些女性稀里糊涂地就生了孩子,但那靠的是幸运,能平安降生的我们其实都是幸运儿。在过去,因为生孩子而遇到危险的女性不在少数。

我做节目这些年,亲眼见过许多家庭,孩子有先天缺陷,根源就是父母没有产检。

我见过一些患有唐氏综合征的孩子,其实他们大多都很亲人、黏人,他们特别喜欢抱着你,亲亲你,然后直直地望着你,叫你的名字。这时我真的会很心疼，也很惋惜。他们的父母都很爱他们，往往愿意付出一辈子时间去照顾孩子，但这样代价太大了。

为了避免这种情况，妈妈们还是要认真做产检。

产检就像闯关，每次都悬着一颗心，小心翼翼地做每一个项目，生怕在某个环节栽跟头。这感觉很矛盾，怕产检，又有点想产检。如果结果出来后没什么事，就如释重负，能高兴好几天。可万一有事呢？每次产检前我都得做好久心理准备。

尤其是唐筛和 NT 检查，就像两座大山摆在面前。

查完了，有点期待地看了医生一眼，想从她的表情中看出点端倪，但医生已经开始叫下一个进了。

"有事会电话通知你。"医生这么和我说。

到了出结果的日子，我收到一条短信：请您到医院领取检查结果。

心"咯噔"一下。

之前说如果有事会"电话通知"，现在要我"去医院"，是准备面谈啊！那是不是问题严重了啊！

我直接打车去了医院，战战兢兢地寻到指定位置，推开诊室门，见医生正埋头做着什么笔书，我下意识地满脸赔笑，特别礼貌客气地叫医生好，并报出姓名。

医生哦了一下，随手在一沓单子里翻了翻，抽出一张——我的宣判书。医生淡然地说，过了，没事哈。

随后扬起那张"宣判书"递给我。

无罪赦免？！

"大夫，那个……给我发了信息，让我来医院……"

我还有点没反应过来。

"对啊，有事儿就给你电话了，没事儿短信通知。"

医生接着埋头笔书。

……

啊！我心里一下子轻松了，那一刻我才发现是我太紧张了，自己吓自己。我对自己说，接下来还有好几个月，我得放松，不能再这么绷着了。

但下次检查，我还是不由自主地紧张。

我是高龄产妇，要检查的项目比一般产妇多一些，怀孕四个月左右要做无创 DNA 检查或羊水穿刺，进一步排除和染色体相关的遗传疾病。按理说羊水穿刺虽然有一定风险，但风险系数很低，但我就是很怕出现那个 1% 的风险，毕竟一旦出现了就是 100% 啊……所以我只做了 DNA 检查。

具体要做什么检查不做什么检查，还要咨询医生，以医生的意见为准。

有一次产检，我记忆犹新。

那是怀孕八个多月左右的产检，距离生产很近了。越"胜利在望"，越怕出点岔子。

做 B 超的时候，医生看了好久，我就忐忑起来。

"医生，有什么问题吗？"

"你这……哪儿哪儿都绕着呢啊……"医生边看边严肃地说。

"什么绕着呢？"我心慌不已。

"脐带绕颈啊，你这绕了好几圈呢。"

"那……怎么办呢？有危险吗？"我焦急地问。

"也没什么办法，你就密切关注一下吧，胎动要是不正常，赶快来医院！"医生又看了看，似乎对自己的结论很肯定。

"医生，这个到底有没有危险啊？"我最关心的莫过于此。其实我对脐带绕颈也了解一二，这在孕妇中还是挺常见的，顾名思义就是脐带绕到胎儿的脖子上了，危不危险往往取决于除去绕住的部分剩余的长短，如果剩余比较短，就容易导致胎儿窒息。而我"绕了好几圈"，这个结论让我两眼发黑。

"危险肯定还是有的，你就密切关注胎动吧。"医生答。

"而且啊，这孩子头比较大，你的羊水也比较少，你尽量小心吧。"

我理解的医生的话是，接下来到产前，我最好还是回到床上躺着，也不要经常翻身，随时关注胎动。我不知道肚子里的实际情况究竟是怎样的，想象中，我再稍微动一动，就可能有危险。下了B超台后，我觉得我都不敢走回家了。

当天晚上，一夜未眠，时时刻刻关注着胎动。

次日，我给范主任打了个电话。

范主任静静地听我叙述完后，让我先留意胎动，过段时间复查一下B超。看复查结果，如果情况没有那么严重，那就等小正好发动的时候再决定是顺产还是剖宫产。如果真像之前的大夫所说，小正好的脑袋确实很大，羊水确实少，脐带确实到处绕着，那我就真的要做个决定，让小正好提前出来，给他松松绑，给他更好的空间，让他好好长大。

我后来了解到，脐带绕颈在B超中并不容易看清楚，有时候脐带聚成一团，靠近胎儿颈部，像是绕住了，其实没绕，若医生比较谨慎，就会把情况说得严重些。按范主任的话说，有的医生的确"就喜欢和脐带绕颈较劲"。

复查了B超，医生看了很久，最终确认说，没绕，但还是要留意胎动，以防万一。

这个结果对我来说是又一次大赦。

原本我已经做好了在春节前迎接小正好的准备，想象中，我们得过一个忙忙碌碌的年了。

我们全家都期待着和小正好见面。这样想，我也能稍稍放下对脐带绕颈的担心。

做B超时看到脐带绕颈，医生通常会建议关注胎动。

应该怎么关注呢？标准的方法是每天数三次，在固定的时间，如早中晚固定找一个小时，数出这个小时的胎动。将三个小时的胎动相加，乘以4，累计12个小时胎动次数大于30次就是正常的。

不过，医生说每个孩子的情况是不一样的，有的孩子就动得多些，有的就不爱动，更重要的是和平时的胎动比，出现明显异常时就要注意了。

胎动过多也是要警觉的，可能是孩子出现缺氧，挣扎躁动，一旦发现就要尽快去医院。有些妈妈夜里发现胎动异常，次日就是产检，于是想等到第二天再去，结果来得太晚。为了避免这种悲剧，妈妈们还是不要存侥幸心理，出现问题，马上就医。

脐带绕颈确实让妈妈们悬着一颗心，如果实在纠结，也可以像我一样，过一段时间复查 B 超。有些脐带绕颈并没真的缠上，随着宝宝动一动，翻个身，就解开了，也许下次再查就没事了。

▲ 2016 年，《哺育》之二。

疑神疑鬼的准妈妈

怀孕期间我还搞了一次乌龙。

我买了一台胎心监护仪，没事儿就自己听听。在肚子上涂点耦合剂，拿听诊器找啊找，找到了就特别高兴。胎心像小火车滚滚向前的声音，呼哧呼哧的，特别有力，这声音让我既激动，又安心。

但是胎心监护仪有个缺陷，就是普通人操作技术不像医生那么好，我找胎心就总是很难，有时找了好久，听到的是我自己的脉动。胎心时而在肚子那儿，时而又跑大腿根附近了，最让人纠结的是，胎心找了很久找不到，听得不太清楚或不太稳，但过一会儿听，又好了。

我听过有人觉得身体状况不太好，用胎心监护仪监测，误把自己的心跳当成宝宝的胎心，大意没去医院，酿成不可挽回的后果。所以每次听胎心，一旦没清楚地听到那"呼哧呼哧"的声音，我就坐立不安。

有一次，我找了半天才找到胎心，然后就觉得胎心不稳，越听越不对劲。

"老公，你快来听听，胎心是不是不稳？"

老公蹙着眉听了会儿，得不出什么结论："听不太清楚，这个真的准吗？"

我心想，得赶紧去医院。但那时天色已晚，我的月份也挺大了，急火火地冲到医院挂急诊？至于吗？

心底的直觉告诉我，可能又是我自己吓唬自己呢。我的身体没什么不舒服，离上次产检不远，上次还没什么事呢，但就是放心不下呀。那一晚，又是一夜未眠。就怕自己睡梦中一翻身，压到正好，每隔一会儿就用胎心监护仪找找，确定还有胎心，才能再挨过一段时间。

次日一早，火速赶往医院。

大冬天的，天刚擦亮，我就到医院了。一检查，医生说没事啊，好着呢！

我又是大喜，又是不确信："真的吗医生，我用胎心监护仪测怎么听着胎心有点不稳呢？"

"你那个没测准，我这儿听好着呢，你听听。"医生让我一听，果然听到正好强健有力的胎心，一下一下，呼哧呼哧。

用胎心监护仪，确实能多一层保障，但有时又徒增紧张。所以我后来觉得，如果不是医生说要密切留意，平时不要老听。有些事由心生，老听老听，乌龙就来了。

生娃前，还要考试？！

2017年正月十二，老公开车载着我去医院，像春妮刚强说的，他在马路上像画龙，紧张得都快忘记怎么开车了。而我，经历了那么长时间的担惊受怕，那一晚却异常镇静。怀孕的过程像闯关，最后一关终于要到了，之后就听天由命吧！

我当时不知道，这最后一关，比之前所有的关加起来还要难！

不久前，范主任给我看了一次真正生产时的影片，好让我的心理准备更切实。

这是我第一次见到这么具体清楚的女人生孩子的全过程。以前就看过电影、电视剧里演的，一般都是孕妇大喊着"疼啊""受不了啦"，喊得撕心裂肺大汗淋漓，身边好几个人一起喊："加油！别放弃！就快了，快了！"随后听到一声娃的啼哭，孩子就生完了。具体细节当然都不会演。看范主任播的影片，我才全方位了解了生孩子到底是怎么回事儿。

影片放完了，范主任颇为得意地说："怎么样，不可怕吧？咱们就这么生！"

"不！"我马上说，"范主任，我看了后更害怕了呀，我岁数大了我生不了，就给我剖了吧！"

但范主任坚持觉得我的条件可以顺产，对我的哀求不予理会。她还有一个撒手锏，适当时亮一亮，让我冷汗直冒。只见范主任笑眯眯地说："月亮，我考考你，自然分娩有什么好处？"

"嗯……第一……这个……"我支支吾吾，使劲儿回想着，可大脑一片空白。

"好了，你说不上来。我来告诉你吧。"范主任语速飞快地说，"第一，产道的挤压会对胎儿的肺和大脑有良性刺激，对他的大脑中枢有好处。孩子出生后容易哭，不容易窒息。

"第二，孩子原本肺里、胃里都是水，经过十多个小时的产道挤压，水就挤出一半了。很多孩子出生后都会倒吸一口气，自然分娩的孩子不容易呛到，而剖宫产的孩子相当于直接从水缸里捞出来，水一下就倒吸进肺里，所以剖宫产的孩子更容易有吸入性肺炎。

"第三，妈妈体内的 Igg 抗体（免疫球蛋白）只有通过自然分娩的过程才能传递给孩子，所以自然分娩的孩子半年内不容易生病。

"第四，肠道的细菌分为有害菌、有益菌和中性菌，菌群互相竞争，最终有益菌要成为优势菌占据上风，这是一个肠道菌群定值的过程。自然分娩的孩子定值很早，刚出生就定下了，剖宫产的孩子要出生后 180 天才会定值。这就意味着剖宫产的孩子未来容易有过敏性疾病，容易形成过敏体质。

"第五，对大人来说，自然分娩子宫收缩好，产后出血少，产后恢复快，睡一宿就成正常人了。剖宫产往往要恢复一周。

"第六，自然分娩母乳来得快，可以早喂母乳……"

"好了，好了，范主任，我知道了，我生，我生。"我连连求饶。

范主任如果说下去，能说出十来条自然分娩的好处。她说完了还不算，还要考试，如果我说不出五条以上，就说明之前没有认真听，没有理解，没有记住，她就不会同意剖宫产。

范主任还强调，顺产中途转为剖宫产的情况，不能简单定义为"受二茬罪"，因为在前期顺产的过程中，孩子该获得的好处已经获得了，大人付出的努力，不能说没有意义。因而能尝试顺产的，就不要放弃。这一观点也颠覆了我以往的认知，给了我很大鼓舞。

据说，我破水后到医院那晚，春妮和刚强还把医生拉到一旁，无比认真地说："大夫啊，就给月亮剖了吧，她年纪不小了，怕有危险……"

结果后来春妮经过范主任的产前轰炸式教育＋考试，也缴械投降，乖乖顺产。刚好比正好重，春妮生刚好时年纪比我还大，也成功了。现在范主任经常把我和春妮当正面典型给别的临产孕妇鼓劲儿——你们看，月亮和春妮，人家那么大了，还顺产呢！我心想，范主任啊，我当初也是一个劲儿地求你给我剖，你不肯啊。我也是很屃的啊！

我知道再怎么磨也没用，只能退而求其次，央求范主任给我推荐一个"好的"助产士。之所以把"好的"打引号，是因为我的标准和一般人不一样，一般人都希望找个经验丰富的，而我相信医院的助产士经验一定都挺丰富的，我只希望找个长得好看的，因为我又听了个迷信说法，听说孩子出生后第一眼看见谁就像谁！

其实助产士的人选取决于生产的时间，与其说是孕妇选择助产士，不如说是孩子选择的，所以到时候赶上谁是谁，这也是一种缘分了。

而正月十三我要生正好那天，伊护士长出现在我面前，笑眯眯地说："月亮，你好，我是你的助产士。"

伊护士长一口东北话，微胖圆脸，身材结实，和我心目中的大美女形象有那么点差距，但她慈眉善目，特别喜庆，整个人有种温暖自信的气场，一下就让我特别有安定感。

我赶紧拉住她说："你好你好！我就想让你当我的助产士！"

这有点像谈恋爱，之前坚定地认为自己是外貌协会，真遇到内心觉得投缘的，什么标准都靠边站了，就认准眼前这个了。

后来事实证明我的感觉没错，伊护士长经验非常丰富，我在她的指导下加快了产程，生理疼痛也减轻了很多，更是从始至终很有安全感，感觉有了依靠。

正月十三那一晚到了医院，我和医生说感觉自己羊水破了，可我那淡定的样子真让人有点不敢相信，这是快生了？

后来，范主任在一场国际妇产科医学大会上专门把我的经历当作案例拿出来讲：一般认为羊水破了是有较多液体流出，一股接一股，然后很快就会有阵痛。孕妇本来就容易有一些分泌物，且孕晚期膀胱受到压迫，也会有漏尿的情况，像我当时那种只流了一点点液体，连宫缩都没开始，一般都不会认为是羊水破了。然而一化验，医生护士都惊了，发现真是羊水，马上让我留下了。

宫缩开始之前破水在产科临床上是一种病理性情况，随着破水的时间延长，孩子宫内发生感染的概率就会增加，还容易引起胎儿缺氧窒息。因此，在孕晚期，各位准妈妈们要留意自己的分泌物，不要觉得没事就忽略过去。如果感觉异样，最好去一趟医院。去的路上像我一样，尽量平躺，同时将臀部垫高。

那天晚上我住院了，除了值班的医生护士，其他人都已下班了。凌晨4点，我开始宫缩，夜深人静，老公累得昏睡过去，鼾声震天，除此之外产房里静悄悄的，走廊里的脚步声和细语声都听得清清楚楚。

▲ 2016年，《瞧这一家子》。

孕产小贴士

如何识别羊水

1.多数情况下，和尿液相比，羊水清淡无味无色，或轻微呈现乳白色。

2.多数情况下，羊水会持续不断地流出，但高位破水，即破水位置接近子宫顶部，流出的液体是会少一些的。

3.破水不一定伴随宫缩，破水可能先于宫缩，所以不能以有无宫缩判定是否为羊水。

4.最准确的方式是到医院检测，因此准妈妈如果怀疑是羊水破了，最稳妥的方法还是尽快去医院。

和生孩子比起来，这种疼才哪儿跟哪儿啊？

老公好像比我还累。他把我送到医院后，又回家取了一趟早就准备好的待产包，再回医院，没和我说两句话就倒在产房的沙发上，秒睡。

后来有人问我，这么关键的时候，你咋不把他摇起来？你都要生了，在那儿疼着呢，他竟然还睡得着？

那晚一开始我还挺淡定的，心想我的小正好真懂事，等我酒足饭饱有力气了才来，我躺在床上静待生产，还觉得挺舒服。后来宫缩开始了，我有点不安，怕自己突然就生，值班医生顶不住。但我告诉自己要冷静，随后下载了一个APP——宫缩记录仪。类似秒表，宫缩一次，就"啪"按下按钮，记录宫缩的频率。刚开始测还是7～8分钟宫缩一次，我知道离生还远，什么时候3～4分钟一次我再叫人吧……理性告诉我，别去麻烦医生护士们了，那只会浪费精力，我得把自己和医生护士们的精力都留到明天要生的时候。老公也是，就算让他一宿都陪我，他也代替不了我疼，有什么用呢？再吵上一架，就更糟心了。还是让他把劲儿留到明天，等我真正生的时候再给我加油吧！

于是我就静静地等，每宫缩一次，就按一下记录仪。一开始只是有点疼，天擦亮时，宫缩频率变成3～4分钟一次，就疼得有些受不了了，幸好，那时医生们也来了。

我像看到亲人似的，抱住杨丽主任央求道："杨主任啊，您给我剖，了，吧！我真的太疼了啊！"

杨主任见怪不怪地笑笑，看我还有力气带着玩笑腔说话，料我状态不错，她轻松又专业地摸摸我的肚子，看看开了几指，就对我的状态了然于胸了。

随后范主任来了，我也见到了伊护士长。我更是像抓住救命稻草般抓住范主任，迫切地求道："范主任，我想剖，我太疼了！"

这时几个医生耳语："月亮才开始宫缩，估计得到今儿晚上才生了。"

我听到了，更是一个劲儿地希望能剖，但医生们觉得可以给我打一点催产的药，能顺产就顺产。范主任、杨主任、伊护士长还有我老公都觉得我的条件很好，应该坚持一下。可是我当时真的没有信心，我都快 39 岁了，我这个年龄的产妇挑战顺产的太少了吧！

范主任摸摸我的肚子，笑着说："月亮呀，条件这么好，自己生吧！"

"范主任，我条件不行啊，我岁数大了而且我太胖了，我生不出来啊，我……"

几个医生和伊护士长都给我鼓劲儿，轮番上阵给我讲顺产的好处……我知道自己别无选择，勉勉强强决定再试试看，但还恋恋不舍地拉着范主任做最后的挣扎。

"月亮，我还有个会哈，我先去开会啦！"范主任笑眯眯地跟我挥手拜拜了！

我还没来得及哀号，伊护士长就接手了。

"月亮，你别紧张，你看，我这样给你揉一揉，你是不是感觉好一点？"伊护士长用一种奇妙的手法给我按摩了一下，绝了，我真感觉好多了！

伊护士长开始和我聊天，我知道她的目的是分散我的注意力，我也想赶紧把注意力从疼上转移，也起劲儿地和她聊。聊的内容无非是话家常，伊护士长问我平时工作的内容，问我还认识哪些主持人。

"春妮认识吗？北京台主持人春妮，还有刚强，刚强和李梓萌……"我兴致勃勃地介绍着自己的圈中好友。

聊着聊着，又有点不行了。慢慢地，光聊天已经不足以转移注意力了。伊护士长让我起来走走，在房间里溜达溜达，我照做。伊护士长又让我坐在一个类似瑜伽球的大球上，叫分娩球，在她的指示下做一些动作。我特别听话，只要能缓解疼痛的，都赶紧做，每次都能当场缓解缓解，但过一会儿疼痛再度升级，就又受不了了。

终于，我说话的力气也没了，在床边坐在分娩球上，头顶着床，这姿势能让我感觉稍微好点。

我早就决定要"无痛分娩"，即在适当的时候，往脊椎骨注射微量麻药。这一做法如今已经很普及了，安全性是有保证的。自然生产的时候，有的产妇太疼了，产程也太久，力气都没了，容易出危险。无痛分娩给的麻药剂量很小，不会影响产妇使劲儿。当然也因此不会完全让痛感消失——后来我亲身体验，明明无痛也很痛啊！那完全自然生得多疼啊！

后来我才知道，原来"无痛"只是民间流传的叫法，医学上叫"镇痛"，本来就不会完全不疼。我心说，这是上当了啊！

可是刀架在脖子上，我知道没退路了，只能盼着尽快给我麻药，那个时候我还以为，打了麻药疼痛就立即缓解了，所以满脑子都想着赶紧给我一针吧，让我解脱了吧！

产床前有一台胎心监测仪，同时也监测着我的宫腔压力，宫腔压力代表着宫缩强度，达到一定数值，说明即将临产，医生才会给我打麻药。大约上午11点时，仪器上显示的数字是20左右，我问医生得到多少就是要生了？医生给了我一个无比崩溃绝望的答案：

"得到100吧！"

我心说：啊？我现在才20就这么疼了！到100得多疼啊！

"那什么时候能给我打麻药呢？"我又问。

医生看了看，说我的宫口还没怎么开，得再等等。

后来医生才告诉我，我那时虽然很疼，但产程还没有太大进展，还不能给我打麻药。麻药如果给得太早，等要生时药效都过了，也就没意义了。我的痛感强烈，一方面是因为我对疼痛比较敏感，一方面是前面打的催产的药也可能加剧疼痛。所以疼并不代表马上就要生了，也有人还没觉得怎么疼，产程却进展很快。

准妈妈们看了我写的生产经历，也不用害怕，觉得生孩子都这么疼。因为生产的痛感是因人而异的，有人觉得特别特别疼，有人觉得虽然疼但好像还能忍，还有人说没感觉，这种往往是生第二、第三胎的……我好羡慕那种说没感觉的人啊，好希望自己也能像上个厕所、发射个子弹一样，一下把孩子崩出来啊！

特别疼的时候，我又有点害怕了，心想我这样正常吗？我的年纪确实大了啊，不会有什么危险吧？

但无论是医生、护士还是伊护士长，神情都还是很正常的，我由此判断我的状态也是正常的。我让自己相信医院，相信医生和护士们，相信伊护士长，毕竟也只有这一条路了！

终于，大约快中午12点时，宫腔压力达到近50，麻药师来了。医生看了看我的情况，产程进展了不少，可以上麻药了。

"这个会很疼啊，忍耐一下。"麻药师说。

我忍着，等疼痛到来，结果，还没等我反应过来，就打完了。

"你可真勇敢啊！"麻药师称赞着。

我心说这哪儿是勇敢啊，是根本就不疼啊，比起刚才宫缩的疼，这才哪儿跟哪儿啊！

呼！我长长呼出一口气！活过来了！

一针麻药下去，真是从地狱回到了人间。

感觉窗外阳光都明媚灿烂起来，一切都是那么美好……

我这才发现爸妈来了，心疼地看着我。我还闻到一股饭菜香，原来医院已经给我准备好了午餐，爸妈也给我送来了爱心盒饭。

饥肠辘辘，经过一上午的折腾，昨晚的火锅已经消化完了。我赶紧接过盒饭，这个时候，还是家里的饭菜最香啊！

医生说："吃吧，估计你一会儿就要生了。"

我一听，赶紧往嘴里扒饭。不知道生孩子究竟需要多少体力，我本能地觉得，之后得用劲儿，所以得赶紧补充点能量。

刚吃完，筷子一放，突然，就像脑海中某个地方有一声发令枪响似的，嗖的一下，我又疼起来了，而且一疼不可收拾，越来越疼，宫腔压力已经是100了。产房呼的一下忙乎起来。

不用别人说我也知道，我要生了！

孕 产 小 贴 士

产前应做什么准备

1. 明确去往医院的路线。

2. 确定乘车工具。

3. 分别确认拥堵时段和非拥堵时段去往医院的时间。

4. 确认一条备用路线。

5. 准备好待产包。

准备待产包的注意事项

1. 待产包最晚应在预产期前一个月准备，避免突发状况手忙脚乱，最好在怀孕中期准备。

2. 准备待产包用品时，应注意预产期季节。

3. 待产包物品清单：

孕·产·小·贴·士

妈妈用品	A.证件类：夫妻双方身份证、夫妻双方户口本、结婚证、准生证、医保卡、围产卡、产检病历和报告、生育保险绿色本、银行卡、现金。 B.食品餐具类：巧克力、能量棒、保温杯、饭盒、筷子、勺子、弯头吸管。 C.卫生用品：卫生纸、卫生巾、消毒湿巾、一次性卫生护理垫、一次性马桶垫。 D.衣物类：前开扣式哺乳文胸、哺乳衣、内裤、防滑拖鞋、保暖袜子、束腹带、应季替换衣物、出院外套。 E.哺乳用品：防溢乳垫、乳头保护霜、吸奶器。 F.洗漱用品：毛巾、脸盆、牙具、梳子、镜子、护肤霜。 G.其他用品：手机、手机充电器、相机、笔记本、笔。
宝宝用品	A.衣物类：新生儿衣物 3～4 件、宝宝包单 3～4 条、宝宝抱被、小帽子、小被子。 B.卫生用品：纸尿裤、婴儿柔湿巾、婴儿口手巾。 C.食品餐具：奶粉、奶瓶。

母子俩这就见面了！

2017 年 2 月 9 日，正月十三，从前一天晚上到当日下午，近 20 小时，医生将一个肉墩墩的小东西"啪"的一下放在我肚子上。

天哪！母子俩这就见面了！

哇，好暖好肉好可爱的小家伙！

母子俩见面的那一瞬间，我注定会记一辈子。

眼前明晃晃的，一道光照进我的生命，这光织成的帷幕缓缓拉开，仿佛在邀请我迈入人生的新阶段。我用仅剩的一点力气半撑起身子，斜着眼，先瞥了下孩子整体，手脚齐全，放心了！往孩子的屁屁部位看了下，呀！是个男孩！

这小家伙就是我儿子呀！这一年来，我无数次想象着他的样子，和他说话，他的轮廓依稀间已经成型，又从未确定。就在那一刻，我们初次相见的那一刻，一切模糊都变得具象，一切期盼都尘埃落定。那一刻，又是一场全新旅程的开端。

又斜眼瞅了瞅儿子，他怎么一生下来就这么干净啊，不似想象中还带着许多母体里的痕迹。只见他睁一只眼，闭一只眼，还微微笑了下，我知道那不是真的笑，只是孩子的一种自然的表情，但那小小的笑脸已经足够让我融化了。他开始哭了，哭声那么洪亮，孩子一哭，大人就笑了，说明他可以自主呼吸啦。他的脐带还没剪断呢，我第一次看到脐带，竟然这么粗！像根大管子！医生和伊护士长笑眯眯地把剪刀递给在一旁兴奋得语无伦次的孩子他爸。

"剪哪儿？剪哪儿？"孩子他爸的手都在打哆嗦。不一会儿，他又得意忘形，激动地赞叹："天哪，我儿子怎么这么好看，简直是天底下最好看的孩子！"

我尽力了，真没劲儿了，瘫在床上动弹不得。

往前倒回一两个小时，那时的光景和现在简直是天壤之别。我刚吃完午饭，就开了 10 指。正好也在我肚子里着急要出来似的，腹部有一股强烈的坠痛，下身好像要撕开一个口子，这种痛和上午那种宫缩痛不是一个性质，这种痛集中于一个点，特别尖锐。

"看到头了！加油啊！"伊护士长说。

真的吗？我躺着看不见。伊护士长还让我老公去看看，帮我验证一下。老公说千真万确，孩子都露头了！

后来我才知道其实老公根本没看见孩子露头。伊护士长经验丰富，在宫口轻轻一按，看到了孩子呼之欲出的小脑袋，老公都不知道应该看哪儿，慌乱间心领神会，配合伊护士长，频频点头，佐证孩子确实是要出来了。

生孩子到后来就跟拔河似的，周围的医生护士一边喊"加油"，一边"一、二、三"，我随着他们喊的节奏使劲儿。之前是学过一些帮助生产的呼吸法，那时全抛在脑后了。我的两手紧紧薅住铁做的床沿，我老公要拉我的手，我还把他推开，那关头也没时间感动了，也不怕动作太大把点滴针头弄掉了。

那时候我突然明白为什么妇产科的医生、护士和助产士嗓门经常很大，因为嗓门不大产妇根本听不到啊！疼得几乎失去知觉，肢体动作也不管不顾了，什么声儿都是耳旁风。精神一放松就会泄气，每分每秒都会有不想自己生了的念头，虽然知道自己是刀架在脖子上没有退路了，但还是存一丝妄想，希望能变成剖宫产。我听说有孕妇还咬过护士，把护士咬出血来。

我真的特别感谢帮我生产的伊护士长、杨丽主任和所有医生护士，他们真的太辛苦了，像我这样的生产他们一天不只面对一场，场面大多混乱无比，孕妇大多处于极限状态，而他们一定要保证母子平安，在这堪比战场的环境中，他们还要尽量保持对孕妇和家属的耐心，实在不容易。

生产进入到后半段，我一边使劲，一边感觉正好也在跟我一起努力，我听周围人对我说"加油"，我心里也对正好说着"加油啊我的孩子"。

母子平安，其实是医护人员、妈妈和孩子一起努力的结果啊！

众人连拉带拽，孩子一点点出来了。只差最后一点，但这一点费死了劲，我又疼得不行了。这时，有两个护士拿着一块长条布（后来我才知道那是一条浴巾）来了。她们把布铺在我肚子上，一个站我左边，一个站我右边，架势像拔河。只听伊护士长说：

"差不多了！"

一声令下，两个护士也喊着："1——2——3——"

像擀面一样，两人往下一压，在我肚子上使劲一擀——砰！孩子冲向了这个世界！只觉肚子一下瘪了，我顿时松快了！

而后，就看老公剪断脐带，护士擦洗婴儿，我爸妈欢欣鼓舞，我仿佛到了天堂，窗外明媚的阳光真晃眼啊，一切终于结束了……

不，一切真的结束了吗？

杨丽主任带了好几位医生进来，围在我的床边，窃窃私语，神色严峻。

我感觉情况不太对，这不是孩子生完后应该有的样子。

刚刚还在咧嘴乐的老公此时脸色也变了，房间里每个人都笑不出来了。

发生什么了？

孕·产·小·贴·士

生产过程中想上厕所

生产过程中，尤其是开了 10 指后，可能会有种和想拉便便相似的感觉。这时孕妇往往以为自己要上厕所，其实这是孩子要出来的感觉。

但是，分娩前如有条件，孕妇应尽可能排空大小便。因为子宫离膀胱、直肠很近，分娩时如果膀胱很胀会妨碍胎头下降，大便排出也会造成污染。

一点负重

只有我自己躺在那儿什么都不知道，老公后来和我说，我突然流了很多血，把他吓坏了。

在古代，产后大出血，人就基本上不行了，幸好是在现代，医学手段进步，加上杨丽主任他们处理得当，我才脱离了危险。

直接导致产后大出血的原因有几种，我的情况是比较多见的——胎盘粘连。孩子生出来后，胎盘应该自然剥落，可是我的胎盘却长得太结实了，没能完全剥离，这就会引起大量出血。

一开始，医生们采取人工剥离的方式，其实就是直接用手去掏，疼得我啊，这可比生孩子还疼！又掏又拉，费了半天劲，还是不行，杨丽主任当即决定马上手术。

一针麻药下去，痛感就消失了，但也因为精疲力竭，又添麻药，我几乎要昏睡过去。迷迷瞪瞪间，就知道医生们很忙碌，用各种仪器叮叮当当地操作。

又不知过了多久，终于，房间里的人表情松弛下来了，医生护士们开始收拾仪器。我分析，自己应该安全了。老公冲上前，紧紧握住我的手，他说刚刚他吓死了，好在已经没事了。而我嘴动了动，已经累得说不出话来。

杨丽主任也叹了口气，半开玩笑地说："月亮啊，我刚想夸你产程很快，结果你就给我来这么一出。"

为什么会出现这种情况？医生说原因是综合的，第一可能和我之前停育做人工流产手术有关；第二，可能和我怀孕初期的过度保胎有关。我脱离危险后伊护士长问我："当初你是不是不怎么爱活动，打了很多黄体酮？"

伊护士长一下就说中了，我的确是如此。过度保胎加上不活动，体重增长过多，都可能造成胎盘不能完全剥离。

这也让我后怕。很多人都忽略了，其实女人生孩子是一件有点危险的事，虽然现在医学技术发达，因生产而有生命危险的情况大大减少了，但依然不是百分百安全。我真的特别感谢我遇到的所有医护人员，安全生产、母子平安对他们来说可能是一种理所当然的要求，但我们仔细想想后就会知道，这真是一种幸运，一路走来医护人员们专业及时的支持太重要了。

我和我的助产士伊护士长自此一役，也成了好友，我每次去医院都要去看望她，她不仅技术过硬，人还热情善良又有趣，是我和正好的大福星。

之前提到生孩子像闯关，最后一关就是生产。然而，终于过关了，抬头看看前方，路途还很遥远，这才是一个开始呀。当妈可真不容易，又累，又疼，又焦心，但所有的付出，都在看到孩子的一个小小的笑容时烟消云散。

我看着在我怀里的正好，都不舍得眨眼，恨不得24小时不睡觉看着他，他的每一个小小的动作，细微的表情都让我觉得好幸福，好甜蜜。

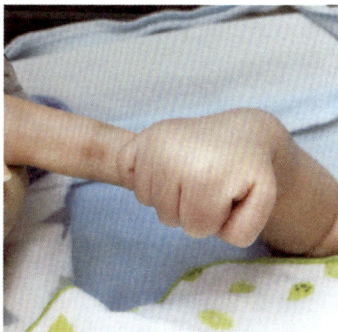

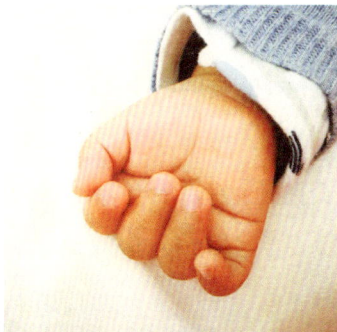

▲　我陪你长大，你让我变完整。

左图是正好和童年的我，右图是正好和童年的他爸爸，正好究竟更像谁呢？

　　我仔细看了看正好的五官，怎么一点都不像我呀！后来看见老公小时候的照片，明白了。正好活脱脱就是他爸爸的翻版啊！怪不得他爸爸对他的相貌赞不绝口，简直要夸上天了。可是哪里像我呢？找来找去，老公突然"啊"一下，恍然大悟的样子。

　　"正好的脚丫子像你啊……手也挺像你的！"

　　反正五官就没有像我的！

　　很多人说，婚姻不是女人人生的分水岭，生子才是。我赞同。

　　虽然从月亮姐姐到月亮妈妈这个身份的转换，我已经盼了很久，但真正去经历这种囊括身心的、深刻的改变，还是觉得难以用语言描述其中的震撼。我庆幸自己经过了充分的心理准备才迎来这个转变，在后面全新的旅途中，才走得很顺畅，走得不纠结。

　　有人会把当了妈妈后的生活描述得无比美好，有的人则极力劝说别人千万不要生孩子，不同的感受都是真实的，是基于不同的经历与视角。

　　究竟要不要踏入这个人生的新阶段，还是要由自己决定。

　　我人生的列车继续前行了，车上多了一位叫正好的小乘客。

▲ 2017 年和 2019 年的我们，
左一杨丽主任，左二范玲主任，右一伊翠霞护士长。
多亏了她们在我怀孕、生产过程中为我保驾护航！
P.S: 鼓起勇气发出这组照片，就是为了告诉女性朋友们，
当妈胖点儿怎么了？还是能瘦回来的！

第二章

爱我你就抱抱我

　　正好趴在我身上像个香香软软的小肉球，我能感受到他
轻柔的呼吸，一起一伏，他的头就靠在我的胸口，能听到我
的心跳，我看着这团小肉球一点点松下来，直到酣然入睡，
我的心也松弛了，融化了。

第一次当妈妈，请多指教！

第一次当妈妈，请多指教！

我在心里默默地对我的小正好说。

6斤6两，3.3千克，多么正好的体重！抱在怀中，那么小，那么软，又那么切实。

他睁开眼了！他刚刚来到这世界没几天，视线只有几厘米，还看不清什么东西，但我忍不住幻想着他在看我，偏执地相信他能听懂我的话，会对我笑。

这小家伙真的是我儿子吗，就是他曾经在我肚子里待了九个多月，曾经是我身上的一块肉吗？这可是个活生生的小人啊，他看起来是那么脆弱，他在我怀中，我连大气都不敢出。今后，他就由我照顾了。我真的能照顾好他吗？

我踏上了全新的旅程，既兴奋，又紧张，既满怀期待，又担心迷茫。我走得小心翼翼，而正好呢，毫无防备，给了我全然的信任。

我陪他长大，而他让我变得完整，是他给了我付出爱的机会。

没有人天生就是妈妈，但无论做没做好准备，就都这样出发吧！

很多人都想做个好妈妈，可究竟怎样才算好呢？

小时候你是不是也曾经觉得，妈妈天生就是妈妈，自己永远都是孩子？我们本能地相信，妈妈是无所不能的，天然就知道该怎么照顾小孩。

有了正好后我才知道，尽管我学过大量育儿知识，但理论和实践的差异比我想象中的大，我还是要从头学起。

以前觉得，好妈妈只有一种形象：温柔、慈爱，永远支持鼓励孩子。有了正好后，在照顾孩子的过程中体验到了妈妈的不易，才明白，妈妈其实是有许多种的。有的妈妈心很宽，有的妈妈心很细，有的妈妈习惯放养，有的妈妈事必躬亲，有的妈妈温柔，有的妈妈严厉，有的妈妈会花更多时间陪伴孩子，有的妈妈还是会把工作放在第一位。你是哪一种？只有等你真正当了妈妈后才知道。但，殊途同归，各种各样的妈妈，都能成为好妈妈。

这本书从这里开始要记录我的育儿经历，但并不是我关于"何为好妈妈"的阐述，虽然我还是有自己的育儿观，也会写自己是怎么做的，更主张什么，但这些都是我个人的偏好。我相信，不同妈妈选择不同的育儿方式，有她的理由。

在大方向没问题，没有原则性错误的前提下，不同的育儿方式、细节差异，对孩子的影响其实不是特别大。过于执着，反而徒增紧张。

很多妈妈，包括我自己，在带孩子的过程中会有很多矛盾、困惑。是偏于工作还是偏于家庭？要多鼓励孩子还是对孩子严格？督促孩子学习还是允许孩子玩？我们之所以纠结，归根结底还是希望孩子成长的每一步都做出最完美的选择。

其实真的不必试图掌控孩子成长的每一个细节，有时候我们无法提前获知命运的走向。跟着直觉走，有时也很好。

不必当完美妈妈，要成为自己；也不必追求完美孩子，而是要让孩子成为他想成为的人。

▲　怀里小小的你，一颦一蹙，一呼一吸都让我沉醉。

初　乳

正好出生的第一时间，脐带还没剪，就被抱到我胸前。

现在讲求宝宝一出生就要和妈妈肌肤亲密接触，第一时间吃上妈妈的初乳。

不过，初乳毕竟只有一点点，宝宝不够喝，母乳又没来，能先喂宝宝奶粉吗？

现在回看，这是一个挺傻的问题，答案显而易见，怎么能让宝宝饿着干等呢？

曾有一位在育儿方面很有经验的朋友笃定地对我说：母乳没来时，一定要等，不要给孩子喝奶粉，就让孩子慢慢把妈妈的母乳嘬出来。要吃就吃纯母乳，这样孩子的免疫力才好。

我一听，深以为然。正好出生后，我先尝试喂了一会儿初乳，然后就开始等母乳。但母乳一直不来。

医生护士强烈建议给孩子先喝上奶粉，我一直拒绝。

当时我以为，新生儿的胃很小，需要的食物不多，稍微饿一饿不要紧。

一天后，正好突然出黄疸了，数值高得吓人。

医生说当务之急，除了照蓝光治疗，还要尽快给孩子吃上奶粉。

我傻眼了，才知道新生儿黄疸是能被饿出来的！

新生儿黄疸是胆红素代谢异常导致的，如果一直饿着，就不会排便，胆红素也自然排出得少。

新生儿要吃饱喝足，多吃多拉才能防止黄疸出现！

我的小正好，刚来到世上没几天就进了蓝光箱。我远远地看着他，又心疼又后悔！

我很困惑。朋友当时和我说得很笃定，她说，如果在宝宝喝到母乳前就喝奶粉，会导致母乳喂养失败。我非常希望能母乳喂养，所以慎之又慎。

我询问医生，正好喝了奶粉了，将来会不喝母乳吗？

医生说不会，我所担心的其实是另一件事——乳头混淆。

乳头混淆是指宝宝习惯了用奶瓶，拒绝妈妈的乳头。这是导致母乳喂养失败的常见原因。

小宝宝吸吮妈妈乳头是需要使劲儿的，常言道"使出吃奶的力气"，说的一点也不假。而奶瓶的流速均匀，宝宝很轻易就能喝到奶，当然会更偏爱后者。

所以新生儿不建议一上来就用奶瓶，而不是不能喝奶粉。

医院也不是用奶瓶喂，而是用针管，一次只需几毫升，瞬间就喂完了。

原来我有很多概念都搞混了，只听了朋友一句话，就盲目坚持，竟然还不听医生的话。我让小正好饿着等时，也很舍不得，忍得很难受，后来我想，当时我就应该遵从母亲天然的直觉！

自那之后，别人和我说的理论我都会打个问号，再也不敢盲听盲信。

育 儿 小 贴 士

为什么要让宝宝喝初乳

初乳是妈妈的第一份乳汁（看上去可能就是一点点发黄的浓稠的分泌物），富含非常丰富的免疫球蛋白和菌群，能给刚出生、免疫力还十分脆弱的宝宝提供第一份保护。

母乳喂养注意事项

1. 宝宝出生后就喂初乳，约 30 分钟。

2. 每 3 小时喂一次奶。

3. 日常每次喂奶 20 ～ 30 分钟。

宝宝刚出生时，还不会吃奶，可能也还找不到妈妈的乳头。妈妈把宝宝放在胸口，让宝宝的小肚子贴着自己的肚子，让宝宝的肌肤和妈妈密切接触。妈妈让自己放松，享受和宝宝第一次亲密接触的时光，允许宝宝慢慢探索。起初，宝宝可能只会轻轻舔舔、吸吸妈妈的乳头，但喝不到奶，妈妈不要着急，让宝宝慢慢来。如果宝宝开始着急了，妈妈可以看看自己喂奶的姿势是否正确。

正确的喂奶姿势

妈妈喂奶的姿势非常重要，许多母乳喂养的问题都和姿势不正确有关。

最基础的喂奶姿势：

第一步：妈妈在自己的后腰、后背处放上靠枕，让自己的身体有支撑，胸前再放一个枕头或专门的哺乳枕，支撑自己的胳膊。

第二步：把宝宝抱在怀里，胳膊弯曲环绕住宝宝，让宝宝的头枕在自己的臂弯处，后背靠着自己的小臂，手托住宝宝的小屁股。

育 儿 小 贴 士

第三步：让宝宝面对面贴住自己的身体，脸和小肚子都垂直面向自己，确保宝宝能垂直吸吮乳头。如果和宝宝有距离，要抬高宝宝，让宝宝贴近自己，不要弯腰够宝宝。

第四步：宝宝的嘴应含到乳晕，这样能促使乳汁流出。如果宝宝只衔住乳头，不仅妈妈容易感到疼痛，宝宝也不容易喝到奶。

注意：让宝宝的嘴巴张大，这样宝宝更容易含住乳晕。如果宝宝的嘴长得不够大，妈妈可以用手指轻轻按压宝宝的下巴，帮助宝宝的下嘴唇向外翻开，而不是向内紧紧抵住。

妈妈还有其他喂奶姿势，无论什么姿势，关键在于让宝宝能垂直吸吮乳头，正确衔乳。一开始可能会遇到一些困难，妈妈和宝宝都需要反复练习，一定会越来越熟练的！

度"蜜月"

出院后，我住进了月子中心，在那里学习了照顾正好的基本技巧。

怎么喂奶、怎么换尿布、怎么洗澡……以前做节目时我就接触过这些知识，但要亲自上手，还得从头学。

好在，我一学就会，在这些事上还真有点天赋呢！没多久我都开始给别人示范了。

我怀着激动的心情上每一堂课，别人觉得焦头烂额的这些事儿，我还真不嫌麻烦。我喜欢孩子这么多年，终于有了这样一个小天使，可以照顾他，简直太幸福了！

白天，月子中心一直很热闹，来看正好的亲戚朋友一茬接一茬，还有同事来沟通工作。我经常像打仗似的忙碌了一天，到晚上还得喂奶哄睡。

正好一天要换七八次尿布，每三小时喂一次奶，夜里也得起来喂，有时还要陪玩，我每天都顶着个大黑眼圈，睡眠严重不足。

奇怪的是，那段时间我一点也不觉得累，像吊着口仙气，每天都特别亢奋。

一个月一眨眼就过去了，别人说痛苦难耐的月子，于我竟然像度了个蜜月。

我想，可能是因为我太感谢正好能来到我身边了，我每天都把注意力放在

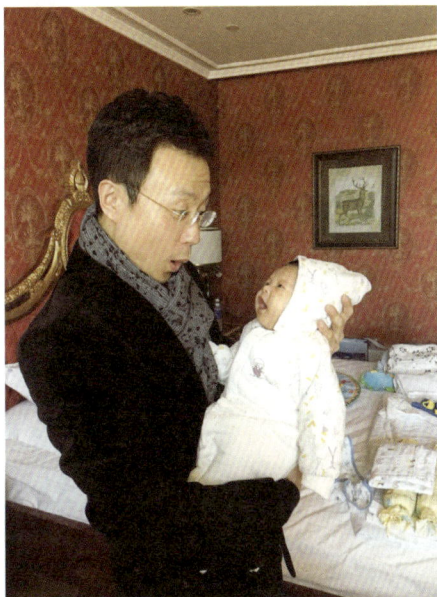

▲　干爸干妈三天两头到月子中心看我和小正好，两人逗娃逗得不亦乐乎。

▲　你一笑，我的心就融化了。

正好身上，来不及思考其他。

我感谢自己很忙，因为这样就没时间胡思乱想。

如果去抱怨月子里的生活，当然也有很多可抱怨的。

我什么时候能瘦下来啊？我变得这么胖老公会不会不爱我了啊？我每天都睡不好会不会变丑啊？回到职场后能不能适应啊？为什么别人的老公、婆婆都那么好我就那么倒霉啊……

我当然很理解这些心情，但我觉得越是把注意力放在这些事上，自己就会越消极，越焦虑，这些情绪也会传递给孩子。

产后妈妈容易有焦虑、抑郁的情绪，所以更要练习转换自己看问题的视角，去发现生活中的美好，让积极的信念驻扎在心中，让它越来越强。

有那么多朋友都那么喜欢正好，正好每天都有一点进步，我的母乳很充足，正好很爱喝……我把这些点点滴滴记录下来，怀着感恩的心过好每一天，我相信，我和孩子都会被积极的心态影响，生活也会一天天向阳。

育儿小贴士

新生儿洗澡用品

1. 澡盆。

2. 温度计。

3. 浴液、洗发露。

4. 润肤露。

5. 清洁柔软的海绵。

6. 洁净浴巾、睡衣、纸尿裤、棉花球。

新生儿洗澡小技巧

给宝宝洗澡最重要的是保证他的耳朵不进水。

用胳膊肘夹住宝宝，将他放到腋下。

大拇指和小指压住他的耳朵，同时手托着他的脑袋，另一只手撩水洗头。

托着头的手的大拇指和小指压住宝宝的小耳朵。

脸就用大拇指蘸一点水，轻轻刮刮宝宝的眼周、小鼻子小嘴。

要特别注意仔细清洗腋下、腹沟处等皮肤皱褶处。

洗澡的最佳顺序是：眼→头→脸→颈部→躯干→四肢；

洗澡时室温大约保持在 24℃ ~ 28℃，水温要比体温略高些，约 37℃ ~ 40℃，水深 12cm ~ 20cm 为宜。

如果宝宝特别不喜欢进水，也可以选择用毛巾局部擦一擦。

新生儿脐带脱落之前是否能浸入水中洗澡？我所了解的信息是，目前这是有争议的，尽量不要这样做，用毛巾、海绵擦擦宝宝的身体就可以了。

育 儿 小 贴 士

洗澡后护理

1. 保持皮肤湿润，脸和全身涂抹润肤乳。

2. 臀部涂少量护臀霜，避免红屁屁。

3. 洗澡后做抚触。

其他洗澡注意事项

1. 洗澡时宜先放凉水后放热水。

2. 洗澡水不宜过热。

3. 洗澡时间应安排在喝奶前 1 ~ 2 小时。

4. 每次洗澡时间 3 ~ 5 分钟为宜。

给宝宝做抚触

我每天给正好洗完澡后都会给他做抚触，这也会让他更喜欢洗澡，因为他知道每次洗澡后都有舒服的全身按摩等着他。

抚触不仅是亲子间的一种亲密交流，还能促进孩子的生长激素分泌，对他的大脑发育、消化系统都有好处。

给刚出生的宝宝做抚触非常简单，先让他仰卧，轻轻提起他的一条腿，边抹油边轻柔地从大腿往脚踝处按摩，最后按按脚踝和脚心。换另外一条腿。接着按摩宝宝的胳膊和手，轻轻按摩宝宝的腋下，再捏捏胳膊，按按小手掌。之后按摩宝宝的小肚子，当然要等脐带长好后才能揉。在小肚脐周围抹上油，轻轻转圈按摩。最后按摩后背，后背沿着三条线向上推捏，脊柱一条，脊柱两边各一条，俗称"捏肌"。小宝宝用指腹轻轻按按就好，六个月后可以增加一些力度。

育儿小贴士

抚触的注意事项

1. 时间建议安排在洗澡后和两餐之间。

2. 每天抚触 2 ～ 3 次为宜。

3. 每次抚触最多不得超过 30 分钟。

4. 手法不宜过重。

5. 抚触时的室温一般保持在 25° C。

6. 寒冷的冬季，可只露出局部肌肤进行抚触。

7. 进行抚触时，最好和宝宝有目光的对视、语言的交流、肌肤的接触，伴随着柔美的音乐。

9. 宝宝不高兴抗拒时，不要强行抚触。

换纸尿裤的小提醒

换纸尿裤的基本方法想必不用多说，只是有个细节动作，我觉得有必要强调一下。打开纸尿裤后，很多家长会习惯性地用手捋一下内侧和宝宝屁屁接触的地方，为了将纸尿裤展平。这个动作是非常要不得的，手的细菌会沾在纸尿裤上，容易污染，宝宝的屁屁又是敏感地带。其实只要打开后抖一抖就可以了，然后直接把纸尿裤折着垫到宝宝的屁屁下。纸尿裤穿好后，可以顺着边缘捋一下，把松紧带拽开展平，防止尿液侧漏。

带娃"神器"

我怀孕时迫不及待地淘了很多宝宝用品，结果正好还没出生，纸尿裤沐浴露、小衣服等等就成堆成箱了。正好外婆总是感叹，哎呀，这些东西可不能浪费啊！

这些年，市面上辅助育儿的商品越来越多，有的确实可以帮助妈妈减轻负担，有的就没什么用，需要进行筛选。我平时很喜欢和其他妈妈交流，发掘好用的"神器"，也喜欢上网看别人的分享。

下面的分享大多出自我的个人经验，不够全面，只挑我觉得比较重点的和大家交流交流。

衣物、小床——旧的更好

小孩第一年长得很快，小床可以用二手的，但安装软床围是很有必要的，一方面防止孩子的手伸进床边缘的缝隙，一方面防止头部磕碰。尤其在孩子学会翻身后，常常会在床上打滚，头经常磕。大床周围最好也要设置床围，防止宝宝滚落。

衣服也可以穿二手的，质地柔软，没有味道。但我还是没忍住，给正好买

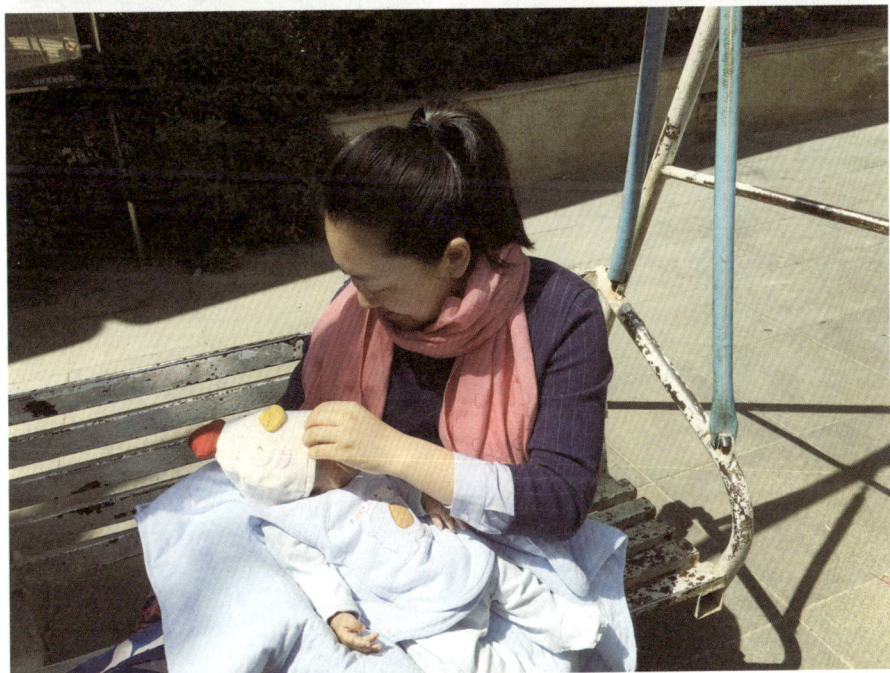

▲　亲手给正好缝的"小鸡帽"，暖暖和和的！

了好多衣服，像运动员的衣服呀，小奶牛的衣服呀，孙悟空的衣服呀，我还会亲手给正好做衣服，缝帽子。没事就给他打扮一番，给他拍照，小孩的睡姿真是千奇百怪，有时摆出一个"大"字，有时拧成 S 型，有时手舞足蹈，有时还摆出"敬礼"的姿势……自从有了他，我的手机里装满了他的照片和视频，每天给他 P 图 P 得不亦乐乎。

拯救腰椎的尿布台

如果说除了奶瓶和纸尿裤，还有什么是一定要买的，我认为就是尿布台了，什么？你说小床？不，我觉得尿布台真的比小床还重要！

尿布台最大的意义是拯救妈妈的腰椎！

最初我也觉得不需要专门买尿布台，只要在床上换，或找个桌面换就行。但尝试了一段时间，发现腰明显劳损。新生儿一天要换七八次尿布，多的时候要换十来次，换时腰一直要弯着，一天两天还可以，一周下来腰就酸得不行了。很多妈妈都在这一时期落了病。

有了孩子后有太多要用腰的地方，妈妈们一定要保护好自己的腰椎。实在不行就找一个桌面换，但小孩常常不老实，万一从桌面上滚落就不好了。尿布台通常都会设置遮挡，多数还会有一根带子固定动来动去的宝宝，比较安全。

尿布台通常有 2～3 层，最上面一层用于换尿布，放上澡盆就可以给孩子洗澡。妈妈可以站着给孩子洗澡，洗完澡后直接换上尿布。浴液、洗发精、毛巾等都可以收纳于尿布台，取用非常方便。

总之，一个尿布台，解决了换尿布、洗澡两大问题，抚

洗澡抚触换尿布，尿布台上真舒服。

出生第75天

触也可以在上面做，可以说是性价比非常高的"神器"了！

哺乳枕：重点考察硬度

哺乳枕也是解救妈妈腰椎的神器！它其实是一种 O 形或 U 形的枕头，是喂奶时用于垫在妈妈的胳膊下面的，这样可以把宝宝垫高，妈妈也可以直起腰来，只用一只手托着宝宝，另一只手就解放了，可以看看手机。我那会儿经常边喂奶边网购，愿意的话还能边喂奶边看书学习。我见过最牛的一个妈妈，一手喂奶，一手学日语，考过了日语 N2。

哺乳枕设计一般依人体工学，让宝宝能以稳定的角度（据说距水平 15° 比较好）喝奶，这样不容易呛奶。

挑选哺乳枕建议考察一下硬度，太软起不到支撑作用，偏硬一些更好。

后来我又发现哺乳枕一个新功能，哄睡！正好三个月时，总是很精神，不太爱睡觉，但有一次喂完奶后，他在哺乳枕上就睡着了，一睡两个小时。当然，这招也不总管用。妈妈们可以试试看。

学步牵引绳：不可使用太早

学步牵引绳有点像遛狗的绳子，在孩子身上套个马甲，上面连一根绳子，妈妈拿在手里，可以防止孩子摔倒。

正好一岁零三个月左右，我用过一段时间学步绳，但很快他学会走路就弃用了。

近来有人提出学步绳不好，我也看了下专家的说法。孩子如果太小，还不能站，不建议用牵引绳。过早用牵引绳会影响孩子的脊柱发育，也不利于孩子前庭平衡能力的发展。通常在孩子一岁以后能站了再用比较稳妥。

牵引绳除了防止孩子摔倒，更多的是让大人的腰不用一直弯着，尤其是老人，带孩子时会比较吃力，可以用一下牵引绳。当然，如果家长能顺其自然地让孩子自己去探索站立、行走是最好的。

奶瓶消毒器

奶瓶是孩子每天都频繁使用的物品，勤加消毒是很有必要的。现在的奶瓶大多是耐高温的，所以可以用沸水消毒。但硅胶、乳胶奶嘴忌用，会被烫坏。煮过的奶瓶最好和其他锅碗瓢盆区分，保持卫生。

还可以使用奶瓶消毒器，目前市面上主要有蒸汽型和紫外线型两种。我个人觉得蒸汽的要比紫外线的好一些，消毒更彻底。建议选择带烘干功能的，这样可以防止产生水垢，滋生细菌。紫外线的也可以用，只是穿透力不够强，死角容易疏漏，而且也容易造成硅胶老化。

自制哄睡抱枕：宝宝喜欢小空间

正好在小床上睡容易惊醒，惊醒后就需要哄着抱着，很久才能再入睡。他外婆用布条缝了几个长形的抱枕，里面塞入荞麦皮，把小床四周填满，挤着正好的身子。这样他惊醒的次数少了，睡得就踏实多了。

孩子出生前一直缩在子宫里，住"一居室"，已经很习惯了，出生后，小床对他来说算是"大宫殿"，他的四肢没有支撑点，就会缺乏安全感。

宽敞未必是好事，小宝宝喜欢小空间！

婴儿游泳池：小心婴儿游泳脖圈造成脊髓损伤

小型婴儿游泳池的长宽高都接近 1 米，占地空间不算特别大，可以根据实际情况选择是否购买。正好在月子中心时就经常游泳，游了泳他就更容易入睡，消耗体力了嘛！有一次他甚至游着游着眼睛就睁不开了，一边漂在水上一边就

▲　谁往我身上浇水，好凉啊！

睡着了。

最近听说小婴儿不适合佩戴游泳脖圈。由于脊柱尚未发育完全，游泳脖圈容易对脊髓神经系统造成损伤。所以如果妈妈想带宝宝游泳，还是要选择专业的游泳中心，在教练的看护下使用套在腋下的泳圈。

小朋友一般都特别喜欢游泳，妈妈可以和宝宝一起游，这是一项很不错的亲子运动哦。

黑白卡和彩色卡：积极锻炼，促进视力发育

刚出生的孩子视野范围很小，大概只有十几厘米吧。得知这一事实后我有点失望。因为我叫"正好"时，他的确会往我这边看，还会露出笑容，我总觉得他就是在看我呢。

依科学说法，刚出生的孩子的世界还是黑白的，看的东西也只有模糊的轮廓。两个月左右，逐渐能看清楚轮廓，也能看到一些彩色。到一岁，孩子能看到的

正好非常喜欢黑白卡，不给看就哭。

世界和成人基本上差不多了，只是视觉系统还没发育完全，还很容易受损伤。

现在人们的生活很依赖手机、平板电脑，不过专家建议，尽量不要让18个月以内的孩子看这些屏幕，会很影响孩子的视力发育，当然，不能完全避免，就尽量少看吧。

另外，有的家长觉得阳光刺眼，新生儿受不了，就每天白天拉着窗帘，让室内很昏暗，这是不可取的，更不要给孩子戴墨镜、眼罩。孩子的大部分功能都遵循"用进废退"的规律，婴儿时期接触光线太少会抑制孩子的视力发育，孩子也会难以适应光线变化。正好不到一个月时，每天都晒太阳，只要不让阳光长时间直射眼睛就没问题。

新生儿大部分时候都在睡觉，醒着的时候，家长可以用视觉卡片刺激孩子的视力发育。

视觉卡片根据年龄分为黑白卡和彩色卡，两个月以内的孩子，大人可以用黑白卡，放在孩子眼前大约10厘米的位置，给孩子讲卡片上的内容。如果孩子感兴趣，可以让孩子注视一会儿，然后缓缓地移动卡片，这时一般会发现孩子的眼睛跟着黑白卡走。可以上、下、左、右慢慢移动，锻炼孩子的追视能力，但不要移动得太快或移动幅度太大，不然孩子跟不上。一般一次不要让孩子看得太久，大约看10秒就可以休息了。过半小时左右再看。每天也不要看的次数太多，以免用眼过度。

不过，我第一次把黑白卡放在正好眼前时他就很喜欢看，我把卡片拿走他还会哭，所以我就让他多看了会儿。我猜测，孩子的专注力其实在月子里就可以培养了。

稍微大点的孩子可以换成彩色卡，慢慢过渡成不怕撕的书，再过渡到绘本。

还要注意的一点是，大人一定不要懒，黑白卡要大人拿着和孩子一起看。

我把黑白卡推荐给春妮，不久后春妮给我发了一张照片，我一看，照片上，春妮把黑白卡插在了床边，小刚好正歪着头扭着看呢，看得津津有味的。春妮得意地说："黑白卡真挺好的。"

"还好呢，快别这样了，别再把咱家孩子看成斜眼儿了。"隔着照片，我都想赶紧把刚好的视线扳过来。

春妮赶紧辩解道："我这不是要给你拍照嘛，平时不这么放的！"

好用的"带娃神器"还有很多，上面只分享了一点点。

现在商家开发出很多方便妈妈带孩子的辅助工具，我觉得如果有条件的话，大可以让这些工具帮忙。当然，商家往往会把产品的功效往好了说，产品的各方评价也有差异，对一个孩子有效果的东西对另一个孩子可能就无效，所以最适合自家宝贝的"神器"，需要家长自己多多挖掘、筛选，我觉得这个过程也是一种乐趣。

▲ 2016年,《哺育》之三。

外面的世界很精彩

很多人说，有了孩子后，出门就不方便了。

的确，出门前总像打仗，光准备东西就要很久，鼓鼓囊囊的大包总塞得像个百宝箱。这还好，要是孩子在外面拉了尿了没处换尿布，饿了哭闹不止，真是考验妈妈的耐心和定力。

不过，我还是一有机会就带正好出去转转。

当了妈妈后，不知不觉地，我身上发生了一些改变。

没孩子时，看到有的妈妈在公共场合给孩子喂奶，我总觉得有点羞，怎么大庭广众之下就喂奶呢？有了孩子后就懂了。孩子饿了大哭时，真是马上就想给他吃上奶，哪儿还管羞不羞啊。

没孩子时，出门总要臭美很久，化个精致的妆，在镜子前换上几套衣服，仔细地梳个发型。有了孩子后，经常头发随便一抓，薅起一件衣服套上，素面朝天就出门了。鞋子要好走的，衣服也要方便随时喂奶的……

必要时，也能精心修饰一番，以最佳的状态示人。但用于打扮自己的时间确实变少了。很多人因此会说，看，女人当了妈，就失去了自我。不修边幅、邋里邋遢，从年轻小姑娘变成黄脸婆……我觉得倒不至于。以前打扮是为了取悦自己，现在没那么多精力，随意一些也是为了取悦自己。

▲ 世界那么大，带你一起去看海！

我认识到，美有许多种，没有孩子时那种恣肆自由的青春味道是一种美，有了孩子后虽然有了束缚，但整个生命也因有了负重而更沉着。我会时时提醒自己：现在我是妈妈了，凡事要悠着点，不能太消耗。我要照顾好自己，才能照顾好孩子。很多过去想不通的问题，在妈妈视角，突然就释然了，变得不那么重要了。

我很喜欢带正好逛商场，去母婴区淘一淘宝宝用品，发掘到好用的"神器"后推荐给朋友。正好也很乖，我逛几个小时，他不哭也不闹。我心想，正好，将来你肯定是个好老公呀！

天气好时，我喜欢和正好在院子里晒晒太阳，一有时间就去公园，明媚的阳光下，正好眯着眼睛睡着，身上散发着香香甜甜的味道，我觉得那个时刻好放松，好幸福。

带孩子去旅游，还是要多说几句。

我认为小宝宝是可以旅游的，但要更加注意健康防护。突然更换环境、改变生活作息时，宝宝的确更容易生病，所以出门在外常用药要带在身边。不要玩得太累，不要吃太多，也避免吃平时没吃过的东西，尽量保持和在家时一样的生活规律。

正好不到一岁时我就带他去海南了。大千世界展现在他面前，数不清的"第一次"等待着他。

有些"第一次"正好立即就适应了：第一次看见海，特别激动，咿咿呀呀地欢呼个不停；第一次坐船出海，风浪特别大，大人都吃不消，正好却像个小水手似的，不晕船也不害怕。

也有些"第一次"，正好花了一段时间才适应。我们来到海边，海滩的沙子细碎松软，但正好似乎有点怕，两只小脚整个蜷缩起来，不愿意踩在沙滩上。于是，我在他面前慢慢地捧起沙子，砂砾从我的指缝流淌而下。我还给他指其他玩沙子的小朋友，正好愣愣地观察了一会儿。过了一段时间，他开始适应了。现在只要有沙子，他能玩一整天。

有些新事物，孩子一开始抗拒，因为他不了解，所以害怕。大人可以给孩子示范，孩子的认知也会逐渐建立。

有些"第一次"给大人带来挑战。去海南那次，正好第一次生病了。有一天他玩得很高兴，还吃了一些平时没吃过的果泥，突然就拉肚子了。

我还记得那天，我带着正好的大便火速冲向医院，所幸问题不大，各项指标都比较正常，只是肠胃不适。从医院出来发现没车了，就"入乡随俗"，打了当地的出租——摩托，被风驰电掣地捎回酒店。一进房间门，看见正好在床上翻跟头呢。孩子真是不会装病啊，稍微好点就精神抖擞，我松了一口气，这才觉得浑身一软，累！

不过总的来说，我觉得带正好出门，还是收获更多。

我每年都会和正好去木棉湖住一段时间。那里对他来说简直就是个巨大的

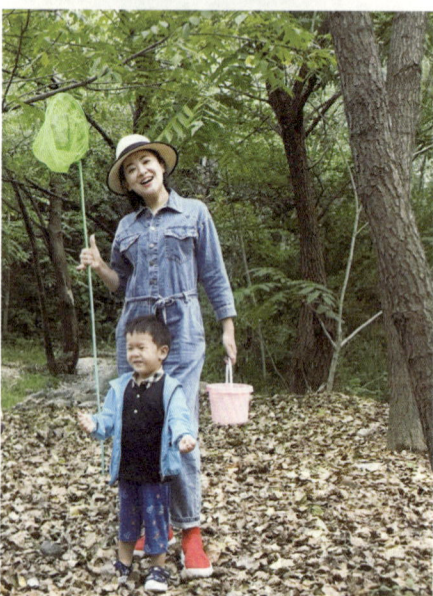

▲　和鸽子一起玩；给小羊写一封信；脚踩泥坑亲近自然；妈妈带我捉鱼捞虾。

游乐场。我和他常常在湖边玩大半天，捞鱼捞虾，能捞满满一桶。他常常直接用手抓，不害怕也不嫌脏。我鼓励他这样，因为我觉得男孩子的成长还是要粗放一些。其实孩子天生不会怕这些小动物，如果大人的反应很强烈，直说"危险"或"脏"，孩子也会受到影响。

我喜欢让正好接触大自然。即使他玩得一身脏，我也乐意。大不了就是洗衣服呗。接触自然对孩子有很大好处，现代都市生活是远离自然的，孩子每天被手机、平板电脑包围，不仅影响视力，还会缺乏活动，变得娇气。我们小时候都是在大自然里玩儿大的，大自然有一种野性，能带给人生命力，让孩子长得更皮实，还能培养孩子的勇气和独立性。

在木棉湖，正好的社交能力得到很大发展，他特别喜欢和迎面走来的人打招呼，还每次都和对面所有人问一遍好才罢休，大老远就能看见他的小手挥啊挥，"你好你好你好"说个不停，很快他就"远近闻名"了。

出门在外，正好的眼界得到前所未有的开阔，进步飞快，学会了好多新词汇、新动作，出门几天学到的东西比在家几周学得都多。

很多东西，像花朵、树叶、火车、飞机、大海、小鱼、螃蟹、贝壳……正好亲眼看到，亲手触摸过后，比在书本、在视频里看到印象更深刻。很多家长都很关心孩子的早期教育怎么做，要读什么书？报什么课程？我觉得让孩子用自己的双眼去看，双耳去听，小手去接触，小鼻子嗅嗅味道，陪伴孩子一点点亲身接触世界，让孩子投入全身心去体验这世界的多彩多姿，就是最好的早教。

育 儿 小 贴 士

孩子拉肚子，需要多花一些时间调理

正好拉肚子，医生让我停掉了牛奶，每天只喝粥，搭配儿童"思密达（蒙脱石散）"，不久后大便就正常了。孩子一下瘦了不少，我着急，想尽快给正好补充营养，就马上恢复了喝奶。结果正好又拉肚子了，这样一来，病程反而延长。妈妈要注意，孩子生病，尤其是脾胃问题，要多花些时间调理，即使大便正常了也不能立即恢复平时的饮食，要再吃几顿病号饭，坚持吃药。如果孩子因拉肚子、呕吐导致脱水，可以给孩子口服补盐液。当孩子的脾胃调理好，长肉其实是很快的。欲速则不达，当妈妈就是一个要学会淡定的过程。

妈妈，我睡着了！

"老公，你轻轻地过去看看，正好睡着了没有？"我压低着嗓音，像是在说什么机密的事儿。

老公蹑手蹑脚地到卧室房门口，把住门框，向里张望，却不见正好的踪影。

老公冲我露出疑惑的表情，又轻轻往屋里探了探身，伸着头，这才看到正好挤在床角，身子拧成 S 形，但呼吸舒缓平稳，一动不动，应该是睡着了。

老公冲我点了点头，又蹑着脚走出房间，生怕发出一点声响，把好不容易睡着的正好吵醒。

这是正好两岁多时的一幕。

正好几个月大时，我一直都在找好用的哄睡办法。新生儿不会像成人那样晚上睡觉，白天醒着，而是睡一会儿醒一会儿。孩子睡了，妈妈才能休息会儿。很多妈妈都会在这段时间睡眠不足、不规律，进而导致精神不好。

正好小时候不是很爱睡觉，但睡觉问题也不算老大难。大多数时候，他醒来后会哼唧两下，稍微哄哄就好了。偶尔不睡觉哭闹，通常都能找到明确的原因。

我在育儿书中了解到，婴儿时期孩子的啼哭大多数都是有原因的，家长首先要找到哭的原因。通常是饿了、拉了、尿了或太冷、太热、衣服材质不舒服等原因。一开始新手妈妈要摸索一阵，慢慢地就能摸到规律，孩子一哭就能迅速做出判断。通常这些需求解决了，孩子就不哭了，也就能慢慢入睡了。

也会出现各种原因搜索了一遍，孩子还是一直哭闹的情况，如果频繁出现，我建议带孩子找专业医生看看，查一查是不是身体哪里不舒服。生病、缺乏微量元素、肠痉挛等都可能让孩子难受并一直哭。

偶尔出现一次怎么哄都哭闹不睡的情况也在所难免。记得有一次，正好两个多月的时候，他好几天不拉便便，又吐奶，肚子不舒服，我天天给他揉小肚脐，夜里还要我和他爸爸起来拍嗝、喂奶、哄睡。那两天真是又急又累，偏偏正好哄了很久，还贪玩不睡，我用有点严厉的语气教育了小家伙一下，他愣愣地听着我说完后，竟然撇嘴哭了两下。他真的听懂了呀！我赶紧抱起来安慰安慰，过了一会儿，他就睡着了。

也有时真的怎么哄都不行，我还有一招，就是抱着正好，让他趴在我身上睡。

我会斜靠在床上，拿几个垫子垫好后腰，肩上挂个口水巾，正好就在我怀里进入梦乡，这样他会睡得特别踏实。有人问什么时候让孩子学趴着睡，我觉得在妈妈身上趴着睡就是一种练习，还不用担心窒息的风险。

正好趴在我身上像个香香软软的小肉球，我能感受到他轻柔的呼吸，一起一伏，他的头就靠在我的胸口，能听到我的心跳，我看着这团小肉球一点点松下来，直到酣然入睡，我的心也松弛了，融化了。多美的时刻啊，我已经忘记我的胳膊累、腰酸、腿麻，只享受着这难得的母子亲密时光。

有专家提倡要训练孩子在小床上睡，培养他的独立性，但我没刻意这样做，正好在哪儿睡着了都行，我觉得这样哄睡妈妈要轻松一些。硬要孩子躺在小床上，哭闹不止时还要抱起来哄，再放下，再抱起，着实折腾。而且偷偷说，我觉得孩子在大床上睡喂奶比较方便，妈妈一侧身就喂了。

还有一些人说不能抱着孩子睡，这样孩子会给惯坏的，将来不抱都睡不着……对此我是不赞同的。我也不是一直抱着睡，只是偶尔抱一抱。在他哭闹不止时，抱着睡特别管用，后来正好也还是能独立睡觉，没有出现特别依赖的情况。

很多家长都觉得哄睡是个难题，我回想起正好婴儿时期，感觉自己也有点焦虑。其实孩子不睡多半是因为还不困，如果他困了自然就会去睡了。

正好大一点后，我还因为一个问题纠结过。

我上过一期讲孩子生长发育的课程，课中提到，影响孩子生长发育的四大要素：睡眠、营养、运动、情绪。睡眠是首要的一项。

孩子在晚上睡着时会分泌生长激素，通常是在晚上9：00到凌晨1：00和凌晨5：00到早晨7：00这两个时段。

我特别希望这时正好在睡梦中，多多分泌生长激素，将来长大个儿。为此，我晚上8：30让他上床躺下后，就很希望他尽快睡着，可这孩子睡觉特别不老实，在床上滚啊翻啊，像孙悟空翻跟头似的，从床的这角翻到另一角，每个角落都得睡一遍。

我问他："正好，你翻什么呢？"

"妈妈，我想找个冰冰凉凉的地方，这样舒服。"

正好总是在床上翻滚很久，最终才在一个非常偏的地方以一种特别难拿的姿势睡着。起初我还担心他头和胳膊都拧成那样了，会不会把身子蹾坏了啊，我要不要给他扳一扳啊？医生说小孩骨头软，没事。

只是往往等正好睡着了，也挺晚的了，"生长的良机"也错过不少，为了让他睡那一会儿，我总是让全家都保持安静。大家也都积极配合着，说话轻声细语，手机静音，走路放缓……

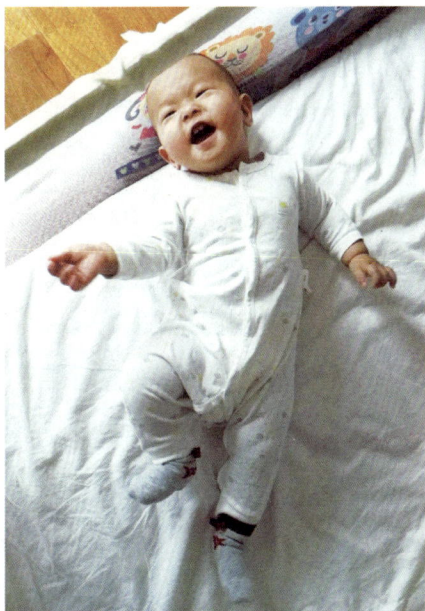

妈妈想让我睡觉，可我还想再玩一会儿。

看孙悟空终于吃饱了蟠桃，开始美美地睡觉了，我高兴地和他爸爸比画"睡着啦"，然后很小心地移出房间。

刚出卧室一会儿，就听见房间里窸窸窣窣，有个小东西蠢蠢欲动，门口伸出个小脚丫，露个小脑袋。

我逗他："是谁还没睡呀？"

正好嗖的一下逃回床上，闭上眼装睡。

"正好呀，你睡着了吗？"我故意问道。

只听一个小声儿传来：

"妈妈，我睡着了……呼噜呼噜……"

我笑了："怎么睡着了还说话呀？"

后来，正好学聪明了，我再问他："正好，你睡着了吗？"

他这次不说话了，一动不动，不一会儿，"呼噜呼噜"两声。

我偷偷笑，过一会儿再问，看他没回应，真睡着了。

早上刚到 5 点，正好就像报时的小鸟般醒了，吵吵着："妈妈，我有个乐高没搭完我想继续搭！""妈妈我想去玩坦克大战了！"……

有了正好后，我周末一次懒觉都没睡过，他总是一睁眼就迅速进入兴奋状态，想着下床玩。结果，又错过了早上的生长期。

我那时很焦虑，就担心他睡眠不足影响身体发育，为此又去咨询儿童生长发育的医生。医生听闻，耐心给我解释。我得承认，每个人的睡眠周期是不一样的。有的孩子是比较容易兴奋的，他也许天生不需要太多睡眠。有的孩子就是能吃能睡，这样的孩子就更容易长大个儿。

我听了后有点遗憾，但也觉得医生说的有道理。

睡觉这事儿，越在意，往往越睡不着。有一段时间，我竟然因为担心正好的睡觉问题，自己失眠了。又过了一段时间，我终于接受了现实，不同的孩子体质就是有差异，正好确实是比较容易兴奋的小孩，睡得少、起得早，这对他来说是正常的。接受了这一点，我的心才慢慢平和下来。

　　妈妈们了解了孩子的生长激素分泌时段，尽量让孩子按时入睡会比较好，但也不用像我那样太紧张。如果孩子确实是睡眠比较少的类型，没关系，影响孩子生长发育的因素不只这一项。

　　让孩子积极锻炼、营养跟上、心情保持舒畅，孩子也会长得不错的，妈妈能做的还有很多呢！

育儿小贴士

孩子睡觉打呼噜，不可轻视

　　孩子睡觉时打呼噜，很多妈妈以为这是孩子睡得香的表现，其实不然。孩子睡觉打呼噜可能是某些疾病的征兆。

　　孩子2~6岁是腺样体增殖旺盛的时期，这时孩子夜里张口呼吸、打呼噜，很可能是腺样体肥大的症状。腺样体肥大会造成鼻咽部堵塞，导致呼吸困难，引起耳鼻喉疾病。还可能影响孩子的面容，引起孩子面部发育变形。

　　所以，如果发现孩子经常在夜里打呼噜，妈妈一定要重视，及时带孩子去正规医院的耳鼻喉科进行检查。

孩子哭了，要马上回应吗？

一日在小区游乐场，忽闻一阵撕心裂肺的哭声，吓了我一跳，四处一找，发现是一个一岁多的孩子正抱着妈妈的腿号啕大哭。妈妈正在打电话，满脸不耐烦，一直用手把孩子往外扒拉，奈何孩子愈加死死抱住妈妈不放。这时，一个老人过来了，可能是孩子的奶奶或姥姥，一把拉过孩子。

接下来的一幕让我惊呆了，老人扬起手，啪啪打了孩子两巴掌，怒斥着："让你闹！"

孩子愣了一下后，尖叫一声，使出浑身的劲儿哇哇啼哭起来，整个游乐场都被震动了。老人把孩子拉到一边去，继续教训，孩子妈妈则快步走到别处打电话。

我当时真的想冲上去制止老人，我认为无论家人有多么忙，在做多么重要的事，情绪多么急躁，都该克制自己不要体罚孩子。否则一次情绪失控，对孩子造成的伤害是难以估计的。

我工作中也会收到一些家长来信，说孩子特别爱哭闹，该怎么办？有的家长说，她已尝试过很多办法，最终都抵不过孩子的号啕大哭，最后她只能妥协。

带正好的这些年，我也有过焦头烂额、情绪暴躁，恨不得把"小魔头"塞回肚子里的时候。但我有一个原则：决不打骂。我会尽量安抚、沟通、教育，不会放着正好一直大哭不管。

有人会质疑——你太惯着孩子了吧？

很多家长都会担心，如果孩子一哭就回应，孩子会变得愈发任性。还有的家长觉得，如果让孩子养成用哭实现目的的习惯，以后他就不能好好沟通。

我们对回应孩子的情绪总是抱有警惕，生怕孩子被惯坏了。这种理念在我父母那一辈，更是普遍。

首先，我需要明确一点，回应不等于纵容。当然打骂也是回应的一种，但这种回应方式我觉得并不是很好。正确的回应方式，是先迅速判断孩子的需求，找出孩子哭的原因，解决之。与此同时，通过抱抱、沟通，安抚孩子的情绪。

找孩子哭的原因不那么容易，非常需要"经验"二字。一些有过好几个孩子的妈妈面对孩子哭时更淡定，新手妈妈则更容易慌或烦，原因从头到脚找了一通都不对，特别容易有挫败感。这时就会出现一种本能，对孩子说："别哭了别哭了！"但这样通常没有效果。

急于扑灭或者尽量隔绝孩子的情绪而不去探寻产生情绪的源头，是很多父母任由孩子情绪不断升级直到像火山喷发一样难以收场的主要原因。

虽然每个小孩都不同，但如果大人能直面孩子的情绪，敢于多观察，多了解孩子，慢慢就能找到孩子哭的规律了。婴儿时期的哭通常都离不开生理需求，这时打骂和隔绝都是没用的。

想象一个成年人，因为生病而不能自理，只能躺在床上动弹不得，吃喝拉撒都要别人帮忙。当他饿了、渴了或是想上厕所时，身边的人却觉得只要等一等，这些需求就会没有了，他就不需要别人照顾了，这肯定是不对的，对小婴儿也是同样道理。

小婴儿偶尔也会因为不安全感、受惊吓等原因大哭不止，还有一部分孩子天生情绪更加敏感，更需要大人对他们的情绪关注并及时给予回应，这样孩子长大后才会成为一个安全感充分的人。

有人说，如果你放着孩子，让他"自己哭一会儿"，他就会更独立，慢慢地他就不需要你哄了。

其实这种观点大错特错！

表面上看孩子真的不怎么哭了，其实他只是放弃了向外寻求支持，转而学会了自我安慰。这并不是真正的独立。孩子会对外界丧失信任，内心深处会一直很没安全感，这会影响他长大后的亲密关系，也可能造成孩子许多情绪问题、心理问题。

其实，如果试过你就会发现，及时回应孩子的情绪，孩子反而会更快平静下来。越回应，越了解孩子，越能更快找到孩子哭闹的原因。亲子间的默契提升了，带孩子也会越来越顺。

其实小孩的注意力很短暂，正好小时候哭，除了抱，我还会用摇铃。一摇，他的注意力就转移了，很快就不哭了。还有时家人会打开抽油烟机，轰隆隆一响，我赶紧问正好：

"听！这是什么声儿啊？"

只见正好一边吸溜着鼻涕，眼角还挂着泪，一边竖起小耳朵到处找，一会儿就把哭的事儿忘了。

要注意的是，孩子一岁半以内不要频繁地玩"举高高"这种游戏，也不要经常晃动孩子，虽然孩子可能会表现得很喜欢。孩子出生后，脑组织还没发育完全，颅内的空腔较大，头部频繁剧烈晃荡容易造成颅内受损，后果不堪设想。

可以试试"蒙儿"这个游戏，就是"捉迷藏"，家长用双手蒙住自己的脸，然后突然打开，呼唤孩子，孩子通常会很高兴。孩子大点后，大人可以把"捉迷藏"升级，自己藏起来，然后突然探出头和身子，孩子也会很喜欢。

别忽视婴儿的语言

正好快两个月时，每天都咿咿呀呀地"说"个不停。月子中心的医生护士们经过，冲他一笑："呦，这么点小人还会说话呢！"

孩子通常在一岁左右开始说话，至少要在半岁后才会咿呀学语，正好为什么两个月就开始"说"了呢？

"正好呀，你是不是想说这个呀？"我尝试着和他对话。

"呜哇呜哇咿呀呀……"

"哦，你想说这个呀？"

"哇哇哇咿咿呀……"

正好好像真的能听懂我在问什么，像是在回答我"没错，没错"。

我一和正好说话，他就很高兴地手舞足蹈，咯咯地笑。有时我也跟他"咿咿呀呀"，他一句，我一句，旁人看来，这大人小孩干吗呢？说的哪国语言？

那是个很奇妙的阶段，你好像获得了通往婴儿之国的许可证，你能听懂婴儿特有的语言，能跟婴儿对话。

某一天，正好突然不爱说了。那个咿咿呀呀的阶段就像从没发生过，像做梦般一闪而逝。

再后来，经我了解，其实每个孩子在 2 ～ 3 个月时都会有一个短暂的语言敏感期，只是有些家长不觉得这是孩子在试图说话，对孩子的"咿咿呀呀"没有理会，就错过了。

孩子的话总是充满想象力、跳跃性，思路总让我很惊奇，常常需要脑筋转个弯才能理解。和正好交流久了，对他平时看的、玩的东西很熟悉，就比较容易明白他的点。有观点认为妈妈天生就能听懂宝宝发音不清、突发奇想的话，我觉得这技能并非完全天生，而是源于平时多和宝宝说话，多和他互动积累的经验。

用心去听，就会发现孩子那稚嫩的话语真的很奇妙。

正好第一次看他爸爸监制的演出，舞台上正漫天飞雪，正好突然冒出一句："妈妈，雪像毛毯轻轻地铺在地上。"

正好知道我出差会坐火车、飞机，一次他问我："妈妈，你出差是不是就在飞机的肚子里？"

那时正好刚知道他是从妈妈肚子里出来的，对人能从肚子里出来这件事，他感到很不可思议。经常问，小宝宝是怎么从肚子里出来的？

我还没想好怎么和正好解释，忽有一天，他自己冒出一个解释：小宝宝是从妈妈的嘴里爬进去，要出生时，再从妈妈嘴里爬出来。

我一下就猜到这思路从何而来。那段时间正好痴迷《西游记》，《三借芭蕉扇》这集里，孙悟空变小后跑到铁扇公主肚子里，铁扇公主又把他吐出来，正好看了后恍然大悟，原来小宝宝是这么生出来的呀！

我觉得这个解释非常可爱，这是这个孩子对自己是怎么来到这个世界上的最好的诠释。

船开在海上，海天一线，正好误以为是飞机，大喊："飞机！飞机！"我告诉他那是轮船，正好脱口而出："那是飞船！"

看见飞机好兴奋！

正好滑滑梯，要滑下来时突然问我："妈妈，为什么我不能像小鸟那样飞？"

我："因为小鸟有翅膀呀，你没有翅膀所以不能飞。"

正好想了一会儿，仰起头说："我想飞，我可以去坐飞机！"

正好痴迷孙悟空，经常相信自己就是。一次，天空中飞过一群鸽子，正好激动地跳起来说："妈妈，那些是我的天兵天将！"

诸如此类的童言童语，冷不丁地口吐金句，我相信每个孩子都有不少。如果家长一一记下，家家都能记一大本。

我觉得这些话很奇妙，正因为孩子对语法的掌握不精确，反而很"擅长"用比喻，而这和诗句其实有共通的逻辑，怪不得人们总说"诗人有孩童的天真"。当我们长大了，"会"说话了，反而失去了童年时的语言趣味。

有些大人觉得和孩子说话很累，恰恰是因为大人用成人的逻辑衡量孩子的语言。如果孩子积极说话时家长总表现得不耐烦，也许孩子就会封闭内心，关上表达，以后就不爱说话了。

孩子需要被倾听，成人莫不如是？我们和爱人，和朋友，和父母在一起时，有多少时间是在认真倾听彼此呢？

育·儿·小·贴·士

孩子语言发展阶段

孩子的语言敏感期很长，通常一岁左右孩子会开口叫"爸爸""妈妈"，会含混不清地说一些单字和简单的词汇，如"拿拿""喵喵""哞哞""车车"，两岁左右会说一些简单的句子，直到六岁，孩子都在练习说话，练习交流。只要家长平时多和孩子对话，给孩子开口的机会，孩子的语言能力都会得到很好的发展。

有的孩子开口说话早一点，有的孩子晚一点，都是正常的，但如果孩子两岁了还不会说话，就要及时去医院进行专业诊断。平时除了要按时带孩子体检外，家长也要注意孩子对周遭的声音是否有反应，家长呼唤时孩子是否会回应，这样才能及时发现婴幼儿耳聋、自闭症等问题的征兆。

孩子吃饭是老大难

正好从小在吃饭上就是老大难。

哺乳期时正好每次喝了母乳就很容易胀气，拍嗝的时间总要很久，还爱吐奶。吃饭从那时开始就成了一件很累的事儿。有几次正好还突然厌奶，竟然能让自己饿一整天。我特别着急，眼看着同龄的孩子都比他长得高，长得壮，就他一直瘦瘦小小的。亏我有那么多母乳，却都白白浪费了。我买了个模子，把没喝下的奶做成母乳皂。

我的母乳量非常充足，可惜我的小正好喝得不多……我只能将喝不完的奶做成母乳皂。

▲　粗面馒头做成兔子造型；跟朋友学的蝴蝶蔬菜面；绞尽脑汁，就为小正好多吃几口。

后来，我给正好买了各种牌子、口味的奶粉和辅食，就为了试出一个他喜欢的，奶瓶也换了无数个。带他看中医，询问营养专家，给他按摩小肚脐……收效甚微，该不吃还是不吃。

甚至有一回，我刻意让正好饿着，直到他主动要求喝奶，才把奶瓶给他。我真不愿意用这种方法，顿顿饿着我也不忍心啊。

稍微大些后，正好还是不爱吃饭，不仅吃得特别慢，还吃两口就不吃了。尤其不爱吃肉，一吃就吐，除了鱼以外，别的肉一概不吃……我心想，别的小男孩吃肉都不要命，我和他爸爸也是每顿饭离不开肉，正好怎么会这样呢？

为了让他好好吃饭，我和他爸爸又唱歌又跳舞，表演节目无数，好不容易塞进去一口，再接着演，费九牛二虎之力，才吃完一顿。

网上有别家小孩大口大口吃饭的视频，我特意给正好看，想让他有点感悟，正好看了后定力很强，该怎么吃，还怎么吃。

多活动活动，体力消耗了，总该饿了吧？周末一大早，我们一家三口就出门了，疯跑了半天，午饭时间到，满怀期待地看着正好送进第一口、第二口……到第三口，又不吃了。

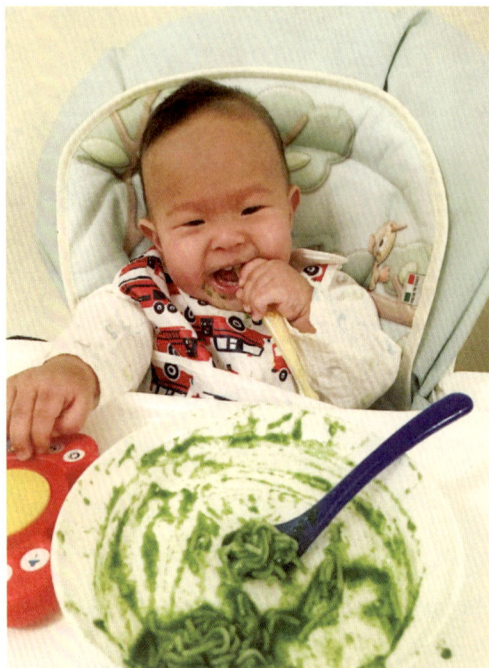

难得胃口好，吃了这么多菠菜面。

人家的孩子能吃又能睡，长得白白胖胖，可正好又不爱睡觉，又不爱吃饭，该怎么办呢？我咨询医生，回答让我意外。医生说我多虑了，说孩子小时候这样很正常，再大点就好了。

我去找营养专家，专家说，你看看，每天来咨询的家长有多少？现在的家长都太紧张了。其实孩子的胃口也有天生差异，有的孩子就是爱吃饭，有的孩子就不爱吃。不要太担心，顺其自然。

可是看正好每顿饭只吃那么三两口，我怎么放得下心？医生说"可以带他去化验一下尿"，我立即去查，结果还真有一些收获。

结果显示，正好对乳糖是不耐受的，怪不得他从小喝完奶就胀气，爱吐奶。

我立即给正好换了奶粉，效果还真的立竿见影，他喝完奶胃不那么难受了，也就不那么抗拒了。

我当时有些神经过敏，又带正好去查了一下过敏原。结果显示鸡蛋是二级过敏，桃子、西红柿、葱等是一级过敏。

其实当时医生对我说，一级过敏的食物基本可以忽略不计，但我不放心，还是尽量避免给正好吃。而对二级过敏的鸡蛋，我更是严格按照要求，一周最多给正好吃两回。

一次打预防针，医生问我正好对鸡蛋过敏吗？我小心翼翼地答："鸡蛋是二级过敏。"医生笑了，又问吃了后有什么不良反应吗？长疹子什么的？我连忙摇头。

医生说那就没问题。

一日，正好看大人吃鸡蛋，主动想吃，我给他吃了半个，他没什么不良反应。

"妈妈我还要！"

这话很少从正好嘴里说出来，一时间，我高兴得也不管过敏的事了，又给了他半个。在那之后，正好吃鸡蛋的次数就多了。

随着长大，正好吃饭渐渐不费劲了。

后来我又尝试给他吃了其他被列为过敏的食物，都没什么事。慢慢地，肉他也能吃一些了。

我才发现，真的像医生说的，随着孩子慢慢长大，他的体质是会变化的。

那段时间，我每天都绞尽脑汁地琢磨怎么让正好更好地吃饭，在无数次尝试失败后也算有了些感悟。我总结出一些经验：

1. 给孩子做辅食，要遵循一定顺序。首先添加的是米糊，然后慢慢添加蔬菜，将蔬菜煮熟、蒸熟打成泥，和在米糊里，一开始不添加任何作料。

2. 如果担心孩子对某种蔬菜过敏，可以每三天换一种蔬菜，观察孩子吃的情况。如果没什么不良反应，就把这种蔬菜列在单子上，慢慢尝试，孩子能吃的蔬菜就清楚了。

3. 如果孩子不爱吃饭，一开始不要给孩子盛一大碗，让孩子看了就发愁。我给正好每次就盛一点，他吃完了后说"还要"，我说"不给了"，小小地诱惑他一下，他吃饭的意愿就增强了。

4. 如果孩子经常吃两口就不吃了，那就让孩子的前几口营养搭配均衡、充实，让他只吃几口但营养到位，这就需要让孩子吃干饭。以前我总怕正好干饭吃不好噎着，给他一大碗稀饭，他吃半天，营养却没多少。后来我先搭配他的食谱——吃牛肉、鱼肉，补充优质蛋白，搭配碳水和青菜，把精华都集中在一小疙瘩饭里，加餐时再吃些水果。

5. 可以尝试补充葡萄糖酸锌和"伊可新（维生素 AD 滴剂）"，我当时给正好吃到半年开始有效果，胃口的确改善了。

6. 孩子大一些，可以尝试和大人吃一样的饭菜，让孩子多尝尝味道。爱吃，就是硬道理。

"营养专家门诊"每天都爆满，焦虑的家长们汇聚一堂，看着这么多"命运共同体"，我突然也觉得自己有点好笑。也许我真的太紧张了，可能也多多少少因为这样，孩子也觉得吃饭是件有压力的事，就不能放松吧。

春妮的小刚好，不到两岁就会用筷子。只见他先用小胖手把食物捏起来，拿筷子比好，再把食物放到筷子上面，再用筷子把食物送到嘴里，虽然多了一步，但他动作飞快，两只小手衔接得极其利索。我感叹，孩子和孩子真是不一样呀！羡慕归羡慕，但我不再那么较劲了。

育 儿 小 贴 士

宝宝开胃食谱

酸甜口味的食物和富含锌元素的食谱，可以促进宝宝食欲，推荐以下两个食谱：

宝宝山楂糕

原料：去核山楂 200 克，冰糖 20 克，橄榄油。

做法：

1. 将山楂果肉洗干净。

2. 锅中放入山楂果肉加水，大火煮沸 5 分钟后改小，直到把果肉煮烂。

3. 将煮好的山楂放凉后用筛子过滤掉果皮和粗纤维，留下山楂糊备用。

4. 山楂糊重新放入锅中，加入冰糖，大火煮至浓稠，并不断搅拌。

5. 把一层油涂抹在儿童模具中（星星、圣诞树等不同形状），再把山楂糊倒入模具中。

6. 待其自然冷却，倒出，就可以吃啦。

橙汁三文鱼

原料：三文鱼 100 克，橙子 1 个。

做法：

1. 三文鱼切小块，备用。

2. 橙子榨汁，备用。

3. 用烤箱将三文鱼块烤熟。

4. 取出烤熟的三文鱼块，将橙汁挤到三文鱼上。

5. 撒上盐，调味就可以吃啦。

断奶是循序渐进的放手

我是一个母乳喂养的忠实信奉者，很早以前我就知道，母乳喂养对孩子好处多多。

母乳富含 DHA（二十二碳六烯酸）、ARA（花生四烯酸），这些对孩子的生长发育，尤其是大脑发育非常有帮助。母乳还富含蛋白质、维生素、矿物质和铁、锌等大量营养素。最重要的是，母乳中的白细胞和免疫球蛋白可以给宝宝很好的抵抗力——刚出生的宝宝免疫系统还没发育成熟，这时母乳能起到很好的保护作用。母乳喂养对妈妈也有好处，诸如不容易有产后抑郁，能避孕，能更快地恢复体形……优点简直是说不尽。

虽然正好有一些乳糖不耐受，但我还是希望他不要错过母乳中的营养，母乳喂养一直持续到他 11 个月。我很幸运，母乳量一直很多。如果妈妈的母乳量充足，那么 1 岁以内的孩子是不用喝水的，喂奶就足够了。有的妈妈可能母乳量不够，这时妈妈也不要太着急，能给孩子吃一点就吃一点。

关于乳头混淆，我想再澄清一下。虽说尽量要让孩子吃母乳，但如果母乳量不够，妈妈还是可以用奶瓶的，不要让孩子饿着。当时正好因为出黄疸照蓝光，有一段时间只能用奶瓶，后来的确有一点乳头混淆，但我坚持用正确的喂奶姿势，乳头混淆慢慢地矫正过来了。这之后，我有时也会用奶瓶，尤其是在断奶之前，由于奶瓶的引入，正好对断奶适应得还是很快的。我想说的是，母乳喂养要顺其自然，要尊重孩子和自身的感受。

有的孩子会在喂奶时咬妈妈，妈妈被咬得疼得不行，非常痛苦。3个月左右的某天，我正给正好喂奶呢，突然感觉他咬了我一下。我一看，他竟然已经开始长牙了。那天喂奶，我哄了很久，正好吃了将近300口，创了历史新高啊！给我高兴坏了，但也疼得我够呛。

我很认真地对正好说："正好啊，你长牙太早了，你不能咬妈妈，知道吗？要不妈妈就没法给你喂奶了。"

结果在那之后，正好真的一次都没咬过我。

孩子虽小，妈妈也可以尝试和他沟通，孩子是有可能听懂的。

宝宝长牙期间也可以给他磨牙棒、曼哈顿球，能有效地减少宝宝喂奶时咬妈妈。

有的妈妈可能因为各种原因，不能坚持母乳喂养，这种情况下也不要太自责。尤其是在孩子断奶这件事上，不要太纠结。

正好在11个月左右自然离乳，我俩都没有太大痛苦。当时我逐渐恢复工作，出了一次差，回来后奶少了很多，正好也有点不太爱吃了。起初，我使劲儿追奶，追得很辛苦。后来医生对我说："断奶是个自然的过程，你不要那么较劲了。"

其实那时，我的乳汁已经比最初时淡了，随着孩子慢慢长大，妈妈乳汁内的脂肪含量也会逐步减少，我想这其实就是在为断奶做准备呢。所以在那之前，我就已经开始给正好喝奶粉，添加辅食了。

我接受了医生的建议，不再纠结，正好断奶的过程也很顺利，他没有哭闹，我也不那么焦虑。

有些妈妈在断奶的过程中遇到困难，我想可能是因为断奶断得太急，太生硬了。孩子适应不了，夜里就哭闹。有的妈妈硬是拒绝宝宝，还有的尝试在乳头上涂辣椒水，这些都是不可取的。断奶的过程最好循序渐进，如果宝宝很着急想喝奶，妈妈不要拒绝。但可以慢慢停掉一两顿奶，看宝宝的反应。

尤其是在妈妈奶水充足，宝宝吃奶吃得非常好的情况下，宝宝可能尤其不愿意断奶，如有有可能，尽量延长哺乳时间，对宝宝是有好处的。不要担心宝宝吃奶时间太久会惯坏他，母乳喂养可以一直延续到 3 岁，在那之前断奶，都不算晚。

我想，断奶其实是一个循序渐进的放手过程。它不意味着妈妈要把宝宝推开或者妈妈硬去离开宝宝，它意味着妈妈和宝宝都准备好了，可以放手了。如果宝宝在几个月就不爱吃妈妈的奶了，那就不吃了，如果直到 2 岁多还爱吃，那就可以继续吃。尊重大人和孩子双方的感受，这样慢慢来，断奶反而会比较顺利。

▲ 1991 年，父亲画的油画《母与子》。

孩子生病，妈妈修行

正好第一次发烧在一岁半。

医生和我说过，母乳可以帮正好抵御疾病半年，一岁半后，孩子可能会生病。

这预测真神了。就在正好马上就到一岁半时，他发烧了。

彼时我是那么焦虑，手足无措，像个初上战场的新兵。

那天摸着正好有点热，一测体温，38.2℃，过一会儿，38.4℃！我的心扑通扑通直跳，开始紧张。

依常识，上38.5℃就要吃退烧药，可正好的体温徘徊在38.3℃～38.4℃，吃还是不吃？吃，怕对孩子免疫力有伤害；不吃，怕耽误病情。

还有，去不去医院？去，医院病人那么多，交叉感染了怎么办？不去医院，耽误病情了怎么办？

这些问题对有经验的妈妈来说可能不是事儿，但对新手妈妈来说，真的很迷茫，生怕决策错误，后悔莫及。

我向一位有经验的医生朋友求助，她问，孩子的精神状态怎么样？

我说状态还行，还高高兴兴地玩呢。

朋友说，可以先观察一会儿，试试物理降温。

朋友支的招是，把孩子扔澡盆里，看他状态，如果孩子还能玩，就没事。

如果打蔫儿，就吃退烧药或者去医院。

我买过一个带温度计的小澡盆，现在派上了用场，它可以方便地测量水温。孩子发烧时水温不宜过高，38℃为宜。

这也是个权宜之计，我紧张地观察正好的状态，不时摸摸他的额头。过了会儿，体温真下来了，正好玩水玩得很欢。

可下午，体温又升回来了，一下超过了38.5℃，最终我还是带正好去了医院。

抽血化验，问题不严重。医生也明确告诉我，孩子发烧超过38.5℃，就要吃退烧药，如果吃了后烧退了，可以先不来医院，如果一直不退或很快反复，就得来医院化验一下血象。

一般来说，白细胞高就说明是细菌感染，要吃抗生素。如果白细胞不高，则是病毒感染，吃上退烧药的同时，可以结合中医推拿的方式退烧。

医生介绍了一种方法，叫"推天河水"：孩子的手心向上，伸出胳膊，大人的食指和中指并拢，从手腕向上按压着推，推到胳膊肘处那条线。快速推到孩子微微发汗，退烧效果立竿见影！

那次正好发烧，烧退了后又开始咳嗽，我连着带正好去医院推拿了几次，烧才退了。

中医推拿对孩子有些病是很有效的，现在我手机里还储存着各种教小儿推拿的视频，正好一生病就拿出来复习一次。

积食时揉腹，发烧时推天河水，咳嗽时可以推左手无名指腹。每次至少要推300~500下，速度要快一些，推到孩子微微发汗。

正好第二次发烧在几个月后。那是他两岁左右，我们全家在海南过春节，他突发高烧，直达39℃。洗澡、推拿都没用，吃了退烧药，烧还是降不下来。我慌了，匆忙带正好赶到当地县医院检查，但医院没有化验设备，很轻率地觉得孩子没什么大事，我又连夜带正好到市级大医院，确诊是甲流。

那次凶险的经历至今难忘，孩子高烧39℃~40℃，一直黏在我身上，动不动就哭，难受，整宿都需要在我怀里，让我抱着，一放下就哭闹。我那一整夜啊，连厕所都没时间上。他难受，我也难受。

后来我养成了个习惯，时不时不由自主地摸摸正好的额头，看看烫不烫，生怕正好再发烧我没及时发现，他咳嗽我揪心，他出汗多我紧张，当妈的心啊，简直操碎了。又过了一段时间，焦虑慢慢平息……我觉得孩子生病，真是妈妈的修行，而且还是一场长期修行。妈妈大多都是久病成医，最后个个都是半个儿科大夫。

▲ 2016年，《哺育》之四。

磕磕碰碰，就长大了

正好三岁左右时，学会了一句话："我是男人！"

每每挺着小胸脯，豪气冲天地说："妈妈，我是男人，我摔倒了都不哭！"

我忙不迭地鼓励着："哟，正好可真棒呀！"

"妈妈，今天蚊子叮了我好几个包，可我是男人，我没哭！"

"嗯，正好可真厉害呀……"我强忍住笑。

随着正好一天天长大，他开始更多地和院子里的小朋友玩了，我发现和家里有兄弟姐妹的孩子比起来，正好明显娇气一点。别的孩子摔倒了，呲歪两下就自己拍拍土爬起来了，正好就哭着跑到我面前，委屈地说：

"妈妈，我这儿磕了……"

"没事儿啊，正好，只是磕了一下。你是男人吗？男人摔倒了会很坚强地站起来的！"

正好立即来了精神，重重地点点小脑瓜："妈妈，我是男人，我没事！"

院儿有的男孩玩得鲁莽，无意间一推一碰，正好就摔倒了。这小家伙不会还手，倒也不逃跑，拍拍灰起身，定在原地叉着小腰，提高嗓门喊：

"你要是再这样我就打你了啊！"

看对方好像没什么反应，再提高些许音量，重复了一遍。可手上始终没什么动作，只一遍遍喊。我心想这孩子，虚张声势啊。不行，回家我得让他爸爸和他练练。

于是，父子俩在家里玩起了"顶牛"，两人头碰头互相顶或用手掌互推，把对方顶到一边去或推倒就算赢。一开始他爸爸自然总是获胜，几次后，按计划，他爸爸装作不小心，被正好推倒，随后夸张地从床上滚到地下，轱辘轱辘滚了很远。我都心疼了，想他为了儿子也是够拼的，拿出了毕生的演技，只为了儿子能增长自信。我在旁边配合演出，装作大吃一惊的样子：

"什么？正好把爸爸给打赢啦？也太厉害了吧！"

正好高兴极了，顿时感觉自己是个大力士了，叉着腰说："爸爸，我不会被你打败的！"

当然，我并不是鼓励正好和别的孩子打架，只是希望他在外面也能和其他男孩平等共处，不受欺负。实际上正好一次也没和别人打过架。

孩子的成长难免伴随磕磕碰碰，孩子磕着、摔着时，大人可以先看看摔的情况，如果没什么事，就不要表现出特别心疼的样子。如果孩子自己站起来了，没有哭，大人一定要及时鼓励，这样孩子会慢慢变得坚强起来。

正好一开始比别的男孩娇气，也源于我起先确实存在着过度保护的倾向。

记得正好刚学会爬时，每天都激动地在房间各处"瞬移"，特意给他准备的"游乐场围墙"根本围不住他，他出溜儿一下就爬到又凉又硬的瓷砖地板上去了。不一会儿，只听"砰"一下，紧跟着"哇"一声啼哭。我追上去一看，看到正好委屈的小脸，又磕了，偏偏就磕在我唯一没包住的角上。

为了防止正好"探索"时出危险，我把家里的易碎品、药品、小物件都收起来了，容易倒下的家具也用胶牢牢固定住。我总是得意地审视着自己的"杰作"，心想这回可以高枕无忧了，然后"哐当"一下，跑过去一看，正好又磕在那个我刚刚好没发现的死角上。

一开始我很发愁，有点想限制正好的探索范围，尽量让他在我圈住的、铺

▲　让孩子在大自然里摸爬滚打，尽情释放天性，这对他们
的身心健康很有好处。

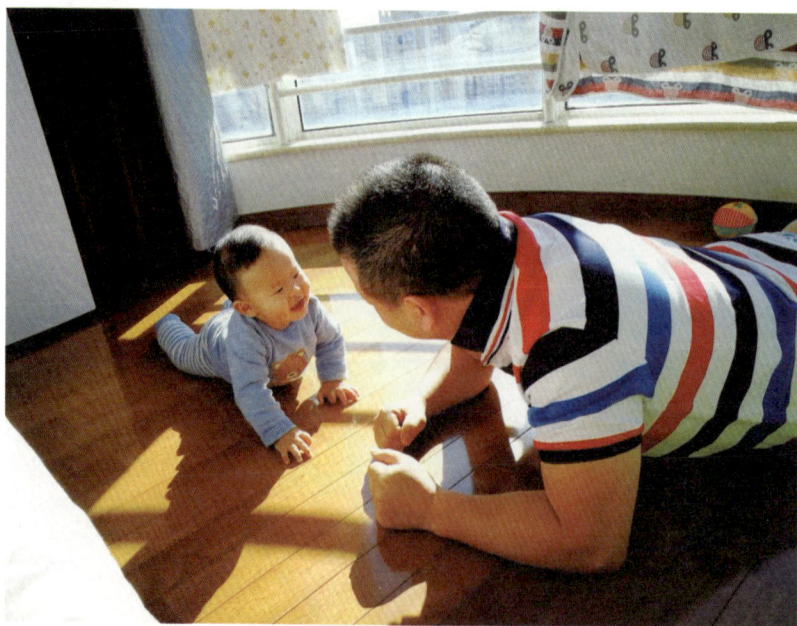

▲　爸爸的个头比较大，但正好曾经赢过他！

着柔软垫子、绝对安全的空间里玩，但是稍不留神，这个圈子就圈不住他了。

后来我咨询医生，孩子能不能在硬的地板上爬？医生说没问题的，因为小宝宝的膝盖是软的，不会爬坏。我才放开了让他爬。

孩子磕了碰了，家长不要去责备让孩子受伤的上下坡、墙面、桌角什么的。比如："这个可恶的下坡，把正好摔着了吧！""坏墙，我打它！""都怪这个桌角，磕着我们正好了！"

这会让孩子习惯于把责任推到外界。

而且我发现，如果孩子摔了，家长的反应过于强烈，孩子没事也会表现出有事的样子。一次，我亲眼看到一个小男孩摔倒了，都已经爬起来了，突然奶奶来了，心疼地大喊一声：

"哎呀！我的大孙子喂！摔着没有啊？没事儿吧？摔哪儿了？"

小男孩一听，竟突然又摔倒在地上了，按原姿势摆好，眼泪也往外涌，委屈巴巴地诉说："奶奶！好疼啊！"

我有意识地让正好游戏的环境稍微"糙"一些，不担心他把衣服啊手啊弄脏，回家洗就可以了。我在前面写过，一有机会我就会带他接触大自然，带他到河边捉鱼捉虾。允许他"疯玩疯跑"，我觉得这样非常有助于让孩子保持骨子里那份自然天性，有利于孩子的身心健康。

小区里有个小山坡，坡度不陡，有个孩子倒在地上，从山坡上往下轱辘，轱辘得一身土灰。其他孩子一看，也模仿着一个个倒地，挨个轱辘，正好也参与其中。一旁的家长们都急死了，一个个把孩子提拎起来，边数落边拍土。

其实我觉得让孩子滚一滚也没什么，真不必大惊小怪，所以我就等着正好自己站起来。

过了一会儿，正好爬起来了，自己拍拍身上的土，笑着对我说："妈妈，我觉得滚滚滚特别好玩！"

妈妈的淡定是在带孩子的过程中一点点摸索培养出来的。妈妈心里有数就可以放手。一些确实危险的动作，也要小心。

那是正好三岁左右的时候，他特别喜欢扮演孙悟空，每天都拿着金箍棒在沙发上跳来跳去。有一次，我一时没看着他，只听"啊"一声，后来从监控中我才看到，他头朝下，从沙发上栽下去了，真挺后怕的。但当时，他还没来得及哭呢，爸爸就说：

"哎呀！孙悟空翻了个筋斗云啊！"

正好的眼泪还在眼眶打转呢，听爸爸这么一说，挺起胸膛：

"看！我都不哭！俺……俺老孙不会哭的！"

其实我心里很担心，不过仔细检查了下，看他真没事儿，就忍住了，跟着他爸爸一起鼓励。

家长给孩子的暗示会对孩子影响很大。有的家长会消极暗示，看到孩子胆怯害怕，就说：

"这孩子随我，怵窝子。"

这样的话孩子听多了，真的会越来越胆小。

大人心里对孩子的情况可以有一个客观认识，但在表达上，要尽量往积极方面说。即使发现孩子有些娇气，胆小，也不要强调它，让孩子心里形成概念。当孩子表现得勇敢时，一定要告诉孩子："孩子，你真勇敢！"孩子会一点点改变的。

孩子成长过程中的一次次磕磕碰碰，既考验孩子，其实也考验父母。"度"在哪儿，我想每个孩子都不一样。放手还是保护，妈妈要在实际情况中判断。其实我并不是一个胆子很大的妈妈，但尝试放手后，发现孩子真的没事，没有我想的那么脆弱，慢慢地，我也能更淡定了。

育·儿·小·贴·士

加强体育锻炼，促进孩子生长发育

运动是孩子生长发育很重要的一环，现在孩子业余时间热衷玩手机、看平板电脑、看电视，长期窝在家里，久坐不动，这对孩子的身体健康很不利。家长还是要注意每天让孩子有体育锻炼。

伸展型的运动，尤其是需要用到膝盖的、有助于孩子的软骨细胞增殖，能促进骨骼发育，比较利于孩子长个儿，像跳绳、游泳、打羽毛球等都不错。运动之余，坚持给孩子补钙、补充维生素 D 是很重要的。小孩长个靠的是骨骼细胞不断分裂增殖，由软骨慢慢长成骨头，这个过程需要大量营养元素支持。

不方便出门的时候，家长可以和孩子一起做做拉伸，做做操，也可以让孩子参与一些简单的家务劳动。总之，让孩子活动起来。正好的幼儿园每天都会安排不少户外活动，这让我很放心。现在孩子们普遍课业负担较重，还有各式各样的补习班占据孩子的业余时间，留给体育锻炼的时间很少。但我认为身体才是革命的本钱，孩子正在长身体时，打下一个好身体的基础是最重要的。

让孩子自然地面对挫折

正好从小就很喜欢水，刚出生不久后就在小池子里游泳、泡澡，从没怕过水，每次洗澡他都特别开心。

随着他慢慢长大，不能用以前的小澡盆洗澡了，我就想让他试试淋浴，没想到水从正好的小脑袋上淋下时，他非常害怕抗拒。

我知道的其他孩子淋浴都没事，还会自己用小手摩挲摩挲脸，换气呼吸，我好羡慕啊，正好怎么就不行呢？

正想着该如何让正好克服对淋浴的恐惧，我发现了一个神器——一个套在头上的小浴帽，水能沿着帽檐流下去，不会进到眼睛和耳朵里，也不遮挡视线。一个很简单的小发明，很是管用，正好从此淋浴不费劲了。

然而用了一阵子，有人觉得这样不妥，说得让他慢慢练着不戴帽子，不然将来老得这样可怎么好？

我想，不同孩子对一件事的接受程度是不同的。我会让正好慢慢适应淋浴的，但何必那么着急呢？

我一边继续让正好用淋浴帽，一边思考对策。

夏天，我带正好参加了游泳课。游泳池里的水很凉，别说孩子不情愿下水，大人也不愿意。游泳教练很有办法，他先在正好的后脖颈处淋一点水，趁着他

▲　亲子游泳好处多，锻炼心肺健体魄，原来淋浴害怕水，现在淋浴乐呵呵。

一激灵，立即把他往水里一扔。这是一个非常好的让孩子适应水的方式。（前提是需要专业人员操作，家长不要自己这样做哦。）

上了几堂游泳课后，我发现正好忽然不怕淋浴了。

如果孩子害怕某样东西，大人不必马上就让他"突破障碍""克服恐惧"，当然，可以先鼓励孩子试试看，如果孩子特别害怕，就可以先退一退，给一些适应时间。一点一点接触，适应只是时间早晚的问题。重要的是，不要太把障碍当回事。

"平衡车"现在很流行，这是一种没有车蹬的小自行车，孩子的双脚可以轻易踩地。

正好第一次骑平衡车，别的小朋友都骑了很久了，个个灵活得很，我都看不清他们是怎么"嗖"一下骑得老远的。和他们相比，正好就像一只小蜗牛，歪歪扭扭，紧紧张张地往前挪，边挪边着急地说："妈妈，我骑不快，妈妈，我怕！"

出乎我意料的是，连一礼拜都不到，正好就像小火箭一样在院儿里穿梭了，一会儿工夫就没影儿了。

熟练了后就想要点花活儿，刻意往坑坑洼洼的地方骑，边骑边跟我说："妈妈，这里坑坑洼洼，可我喜欢，我喜欢歪歪扭扭。"

"太危险了，别摔着"这样的话到了嘴边，我忍住没说。

我给正好的护具都穿上了，关节和头部都保护好了，再怎么样也就擦破点皮，就放开让他骑去吧。

有时候也要给孩子摔跤的机会，让他去体验。

骑上平衡车，戴上头盔，全副武装，开路！

摔跤的那天到底还是来了。

正好三岁生日前一天，是我疏忽，眼见着他骑得非常快，我没追上去，前面有个很陡的坡，他刹不住车了，一路冲到底，车子一歪，他就跌了出去，半边身子都擦伤了，成了只小花猫。当然免不了大哭一场，我都心疼坏了。

我忍着没说"骑太快摔着了吧""吸取教训了吗""你以后还敢骑那么快吗"这样的话。我觉得这是一种消极暗示，暗示他将来会害怕，会有障碍。

几周后，正好的伤基本好了，主动要求骑平衡车，我还是忍住不提之前受伤的经历，想看看他自己怎么面对。

再路过那个陡坡时，正好的小脸绷紧了，认真对我说："妈妈，前面的那个坡有点陡，我得慢点……"小脚擦地，缓缓向前蹭着。

我发现，孩子在用自己的方式面对着挫折。

我们每个人的成长，都是在这样一次次试错中慢慢学习的。如果大人太把受伤当回事，反复强调，孩子就不知该如何面对挫折，反而会留下心理阴影。

隔辈带娃，要学会彼此尊重

最近，我的一位前辈同事晒自家小宝宝的照片，说自己当爷爷了。

我很震惊，他才五十多岁啊，调侃道："您有二胎了我信，您说当爷爷了……这让人有点接受不了啊！"

五十多岁的爷爷奶奶，应该不能算太落后于时代的吧？前辈和夫人的文化程度也都挺高的，我对他们和孙辈的相处模式有点好奇。

谁想到前辈和夫人集体向我吐槽，说他们博士学历的儿子儿媳，不让他们抱孙子！

"一直跟在后头，盯着我们，我们还能把孩子抱坏了不成？他们嫌我们抱得不对，不让抱！我们要是不会抱，他们怎么长这么大的？"前辈夫人愤慨地说。

两代人在带孩子的观念上往往有差异，出现矛盾很正常。但我觉得前辈的儿子儿媳有点太过紧张。孩子其实不会因为家长一两个动作不对就受多大伤害，但他们这样做却会损害亲情关系。

比起育儿方法的差异，我认为家庭氛围更重要。孩子更容易看到的是自己的父母怎样和他们的爸爸妈妈沟通，他们关注大人做一件事的方式，胜过关注大人做的事本身。大人常常不知道孩子是怎么学会一些话，一些行为的，孩子

▲ 隔辈带娃，亲上加亲；含饴弄孙，共享天伦。

在不经意间，就通过模仿学会了，有时甚至模仿得连神态、细节动作都一模一样。

很多争执等时间过去后再看，就发现当时执着的细节早已想不起来了。而人与人的情感，却能延续至今，影响更加深远。

正好虽然是我和爸爸主要带的，但他的成长，外公外婆、干爸干妈（刚强和春妮）和一开始在家里帮忙的小孙阿姨、后来到家里的小花姐姐，还有许多亲戚朋友都贡献了力量。

我很感谢正好成长过程中所有帮助过我的人，也觉得正好真是一个很幸福的孩子，有这么多人关心他，爱他。但我觉得绝不能将带孩子的责任直接甩给别人，甚至认为是老人应该做的。即便现实要求父母都必须奔在工作第一线，但孩子毕竟是自己生的，老人没有义务帮忙带孙辈。如果老人帮忙带了，我觉得就要给他们充分的信任，即使有时候他们带孩子的方式自己不认可，也不要轻易插手纠正，可以从旁提醒、沟通、商量，这确实是一门艺术。

一天，正好冷不丁问我："妈妈，你知道恐龙是怎么灭绝的吗？"

我一愣，不记得给他讲过"恐龙灭绝"这样的事，他懂什么是"灭绝"吗？

我说："正好给我讲讲吧！"

正好立即得意地找出一颗鹅卵石，又把地球仪搬过来，一手拿一个，对我比画着：

"妈妈，你看，这是小行星，这是地球。"

接着，正好的两只小手撞在一起。

"砰！小行星撞击地球了，所以恐龙就都死了！"

正好跳到沙发上，把上面摊着的一堆恐龙玩具都胡噜倒了，嘴里还模拟着爆炸的音效。

"所有的恐龙都死了，它们就灭绝了。"

正好头头是道，讲得颇有逻辑。我原本觉得这些知识比较复杂，给正好讲还有些早，是谁给他讲的呢？

▲ 外婆陪玩花样多，又学知识又快乐。

"你怎么知道这些的呀？"我问。

"外婆告诉我的。"正好不以为然地回答，好像这些都是很简单的知识。他专注地摆弄着小恐龙，突然眼前一亮，抬头问我：

"妈妈，恐龙灭绝了对吗？"

我说："是啊。"

"可是我不想让恐龙灭绝。我长大后要发射导弹，轰隆一下，把小行星阻挡了，它就不会撞上地球啦！"

我发现自己低估了正好，同时也很佩服我妈。她有一种和孩子交流的天分，特别擅长给孩子讲东西，而且寓教于乐。每当我有事外出，我妈帮我带正好，正好总是能学到各式各样的新知识，冷不丁冒出来几个，让我很惊喜。

我妈妈还擅长做手工，亲手给正好做过不少玩具。一次家里买了台新冰箱，装冰箱的的纸壳箱子经我妈一鼓捣，变成了一间漂亮的"神秘小屋"，正好欢天喜地地"住"了进去，非常喜欢。

我妈还经常拿着玩具绘声绘色地给正好讲故事，正好被逗得嘎嘎大笑。每当看到这情景，我就意识到自己擅长给孩子讲故事的天分是遗传谁。

子女和父母之间平日也许会拌嘴，会有矛盾，但隔代之间的情感往往更纯粹。每当我看到妈妈投入地陪正好玩的时候，我都很感动，也很欣慰。

我爸大部分时间都沉浸在绘画中，是个名副其实的艺术家，但在正好面前，他就变回一个普通的外公。

小时候给正好拍嗝、哄睡、喂饭；大些后陪玩，一会儿扮演火车乘客，一会儿当正好唱歌跳舞的观众，一会儿耐心地给正好读书；外出时专业背包、拿奶瓶、推婴儿车……

以前外公的日常消费都是由外婆负责的，他常年沉浸在艺术世界，不问世俗。如今他也学会了网购，冷不丁给正好搬出一台大坦克模型，有正好半个人大，给他乐疯了。

看着欢天喜地的正好，我爸满足地笑着。

▲ 外公陪玩乐翻天，画室成了游乐园。
祖孙一起画坦克，想画哪个画哪个。

突然，正好叫起来："还有一辆车！外公还给我买了一辆车！在路上呢！"搞得大家摸不着头脑。

我一看我爸的购物车才知道，他之前比价，购物车里还放着另外几辆坦克，正好看见了以为已经买下了，还没送到呢。

从对钱全无概念，到现在懂得货比三家，我爸真的变了。看来宠孙子，天下外公一个样。

看到父母带正好时，我总不经意想起自己小时候，想起父母当年带我的样子。小时候，父母对我既放手，又严格，放手是不管我去哪儿玩、做什么，我的娱乐与学习都是自己安排的；严格是对我的品格要求很高。而今他们对正好多了不少呵护与耐心，但依旧不会一味惯着孩子，也会讲道理，有原则。

如今我成为母亲，对父母当年对我的教育方式更加理解了。成长过程中，难免积累一点对父母的误会。自己成了父母后，才发现自身也有不完美。我们都是凡人，不可能做到面面俱到。我越是坦然面对了自己作为母亲的不完美，越是能理解、宽容父母。

我想，这也是正好的到来给予我的成长机会吧。越长大，对父母就越多感谢。

猪八戒爸爸，孙悟空爸爸

"老婆！老婆！你快来看！"老公兴奋地喊我。

老公正在给正好换纸尿裤呢。虽然他平时总是积极请缨，但我不怎么让他换。因为他的动作着实让人着急。正好恨不得被他倒提起来，身子也拧巴成S形。

刚刚又出什么事儿了？

我赶到，看见老公高兴地冲我展示："我儿子尿我身上了！"

一次，急着喂奶，我让他帮忙冲奶，吩咐道：

"120毫升啊。"

他应声而去，高高兴兴地给儿子冲奶去了。

不一会儿回来了，我以为他弄好了，寻思着他还挺速度，结果"老眼昏花"的他拿个空奶瓶，脸凑过来不好意思地问："120在哪儿啊？"

不像一般的父亲面对儿子时总是充满威严，让儿子惧怕，正好爸爸是彻头彻尾的慈父。

下班回家，一进门，正好爸爸就热情地张开双臂，边把儿子抱起来，边夸张地喊着："儿——子——"正好也大喊着："爸——爸——"

这父子情深的一幕，让人以为爷俩许久未见，其实早上刚刚见过。

我在一旁撇撇嘴，说行了行了，别那么夸张了！

即使总是被我喝令退下，正好爸爸还是一有时间就想亲近儿子，凑上他那满是胡茬儿的脸，亲亲正好嫩嫩的小脸蛋，亲也亲不够。

让我很不服气、颇为嫉妒的是，正好说的第一个完整的词竟然是"爸爸"！

明明是我带他比较多啊！

那是正好快八个月的某天，我像往常一样哄逗他说"妈妈""爸爸"，他突然口吐金句：

"霸霸霸霸霸霸……"

他爸惊喜地跳起来，满眼都是灼热的期待：

"儿子，你再叫一次？"

儿子真给面子呀，东张西望一通后，又若无其事地说：

"霸霸霸霸霸霸……"

他爸高兴得啊，到处吹嘘：

"我儿子不到八个月就会叫爸爸了！他第一个词就是爸爸！"

我正失落呢，突然，正好又冲着我来了一串：

"霸霸霸霸霸霸……"

对他外公外婆也一视同仁。

我乐了，敢情正好管谁都叫"霸霸"呀！

老公不管，坚信"爸爸"就是正好说话的起点。

爸爸的权威和力量，未必流露于表面。老公当了爸爸后，工作更加努力了，我知道，当儿子把他当"大艺术家""大英雄"时，他多么高兴，多么感动。

还记得正好第一次参加他爸爸监制的音乐会，盛大的场面让他看呆了，我不知道他听得懂听不懂音乐，他只是一个劲儿地拍手，满眼都是崇拜。

平时，老公则完全不介意在正好面前当一个憨厚的，甚至有点没地位的老爸。为了哄儿子开心，他甚至变成一个技艺超群的演员。

就说给儿子读绘本吧，我读时，一本接一本，一个故事接一个故事，读得可快了，也不觉得累。正好他爸读绘本，那可是要读前深呼吸练肺活量，压腿扩胸做准备活动，读罢再休息好一会儿的。我给正好讲故事时语言、表情、动作已经够夸张了，他爸爸直接演起了舞台剧。每一页都要演，老虎"嗷——"叫，张牙舞爪；小汽车"嘀嘀——"鸣笛；小朋友"呼哧呼哧——"跑步……讲完一个故事，他爸爸出了一身汗，倒在床上，体力耗尽。可过一会儿，他又满血复活，抖擞精神接着讲！为了儿子，拼了！

正好爸爸不太熟悉故事角色的名字，经常读得磕磕绊绊：

"这个桃乐……比……哦哦桃乐比，桃乐比她……"儿子被爸爸逗得哈哈大笑，爸爸也憨憨地笑笑。爸爸不怕在儿子面前犯错，有时还会故意读错，等正好指出来，爸爸顺势鼓励：

"正好比爸爸都厉害啦！"

正好给自己呱唧呱唧鼓掌，特别有成就感。

被儿子当成是猪八戒，他爸爸也认了。

迷上《西游记》后，正好特别喜欢扮演孙悟空，为凑齐师徒四人，就得让家人参演，小导演是这样分配的：

"妈妈是唐僧，爸爸是猪八戒，小花姐姐是沙僧，孙悟空是我！正好！"

大家都很满意，除了爸爸。爸爸皱着眉问：

"怎么我是猪八戒呢？"

正好沉思起来，琢磨着怎么重新分配一下。思来想去，为难地摊手：

"可是，可是那谁当猪八戒呢？"

憨憨的老爸，就这样在家里承担了猪八戒一角，拿出了大无畏精神——我不当猪八戒，谁当？

然而这个"猪八戒"，在必要时，随时都能化身为"孙悟空"，腾云驾雾，无所不能。

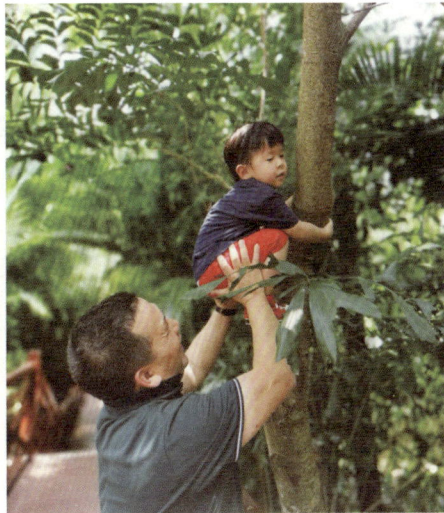

▲　爸爸在眼前是榜样，在身后是鼓励。

家附近的健身区，有个 10 米高的大型攀登架，通常都是年轻小伙子在上面大展身手，抬头看，脖子都快仰成 90 度了，几根金箍棒般高高的铁杆，真是直插云霄啊，正好更是连连感叹着："太高了，太高了！"

一些小哥哥能顺着铁杆爬到顶端，正好看着怪羡慕的。

爸爸这时奋勇上前，双手握住杆子，双脚一蹬，一下就蹿上老高。正好目不转睛，看呆了。

我看着老公，满头大汗，呼哧带喘，但为了让正好看到自己的英姿，他真的化身成孙悟空了，不过，这个孙悟空有点胖。

我赶紧说：

"正好啊，现在爸爸不像猪八戒了吧？"

"不像了，爸爸是孙悟空！"

正好为他的"胖孙悟空"爸爸自豪，我呢，也为了正好有个好爸爸，打从心底骄傲。

后来为了让正好过过瘾，他爸爸还带着正好，一点点爬旁边的铁架。爸爸每上一级，就把正好往上抱一级。没有其他保护措施，我真捏了把汗，但正好却因为他爸爸在身后，小脸上只有兴奋和幸福。

"儿子，没事，爸爸保护你。"

有这句话，小正好大胆地向上爬。

"老公，你可千万小心啊！正好，你可踩好了，慢点慢点！"我在下面连连说。

最终，父子俩竟爬到10米高的顶端。正好的小胳膊紧紧抓住铁架，我的心也提到嗓子眼儿，风吹拂着父子俩的头发、衣服，我总觉得一阵风都能把正好吹下来，生怕他一个踩空掉下来，但正好爸爸却泰然自若地问儿子："高不高？高兴不高兴？"

正好使劲儿点点头："太高啦！高兴！高兴！"说罢又看看我："妈妈，看我爬得这么高！"

天空那么近，站在高处，仿佛伸手就能触摸到云朵。正好真觉得自己变成孙悟空了，一个筋斗就飞上了高空，他爸爸是在帮他圆梦啊！我看着大小悟空在蓝天下，迎风飒爽的样子，眼眶湿润了……

突然回过神来，大喊："你们下来可要小心啊！"

正好一岁三个月时，父子俩在小区游乐场玩，一开始手牵着手，正好走得很好，走着走着，他爸爸说：

"儿子，自己走走！"

随后就放开了手。

摄像的我屏着呼吸，有点紧张，随时准备扶走得摇摇晃晃的正好，他爸就很淡定，不断给正好鼓励：

"儿子走得真不错，加油，勇敢点！"

我眼看着，一只小雏鸟努力地拍打翅膀，跟跟跄跄地助跑着，最后终于勇敢地向蓝天飞去，一开始飞得很吃力，后来慢慢变得平稳，慢慢飞上高空。

第三章

不完美的妈妈，不完美的正好

每个孩子都像一朵特殊的花儿，都有天然不同的体质和
性格，需要家长针对孩子的个性养育。

孩子人生的起跑线

"不让孩子输在起跑线上"的口号一度非常火，很多家长在孩子很小时就非常重视课业。给孩子报补习班，一周七天排得满满当当；比赛接连不断，让孩子的履历表更丰富。一切都是为了下一代能有更好的未来。

我真的很理解家长们的心情，这个时代的竞争太激烈了，孩子好像稍一放松就会一落千丈，再一放松就会被社会淘汰……孩子哪儿是不能输在起跑线上，是人生的任何一个阶段都不能输啊。

为了孩子，家长甘愿吃苦，甘愿付出，真的都很伟大，只是"不让孩子输在起跑线"上真的意味着牺牲孩子的童年，让孩子过早开启"应试人生"吗？

最近有一件事令我很吃惊。同事的孩子正在让四个月大的宝宝学英语。我感叹太早了吧！同事说，他的孩子认为学英语就要早，要当成母语来学习，这样可以开发宝宝的双语思维。我进一步了解，确实有很多早教机构就此进行宣传，家长们也纷纷簇拥，生怕自己的孩子学晚了就错过了宝贵的机会。

我赞同孩子可以在有兴趣的前提下学学外语，但我也一直相信，学任何语言都要有环境，在孩子的母语基础还不牢时，同时学两门语言，着实容易造成混乱。时下早教机构的宣传总是很夸张，为了追求利益，提出了各式各样的学习理念，其中又有多少是经过验证的呢？家长在焦虑间盲目选择，不仅浪费了金钱，也浪费了孩子宝贵的时间。

我相信兴趣是最好的老师。小时候我也上了很多课外班，但都是在爸妈不管我的情况下自己报名的，全因我觉得好玩。没有一定要取得成绩的压力，没人督促，我反而在上课时积极性很强。

很多事都是无心插柳，太执着则会有反效果。如果爸妈对我抱有很高期望，每天监督我，要求我必须要取得怎样的成绩，我可能反而会变得抗拒，早早地对这些事失去兴趣。

我一直相信，每个孩子都有闪光点，都有他擅长的领域，只有在这个领域不断努力、精进，孩子才会脱颖而出，所以，关键在于家长有没有发现孩子潜能的眼睛。家长要发现孩子的天赋，找对轨道。

如果孩子学一样东西，投入了很多，却不见成效。孩子进步很慢，也学得很痛苦，大人也逼得很痛苦，就要想想了，要不就是劲儿使得不对，要不就是这个领域不对。

有的孩子逼了一辈子都逼不出来，有的孩子可能不怎么努力就成了。记得我朋友的两个孩子，老大被逼着学了很久钢琴，每次弹琴都很不情愿，弹了很多年也弹得不太好，老二才三岁，自己去摸钢琴，去弹，天然有兴趣，这就是天赋。这样的例子不胜枚举。

找对了轨道，成长就会事半功倍。这个轨道其实不难找，关键是家长愿不愿意尊重孩子的喜好。我相信"天生我材必有用"，每个人这辈子都有一件最适合他去做的事，这件事的最大标志，就是热爱。做自己热爱的事时，一个人会感到发自内心的快乐，他不需要别人去催，去逼迫，自然而然就会去做。问题是，如果这份天赋早早就被否定了，被认为没价值，这份才能就会被压制、被扼杀。孩子一辈子都在做自己不擅长也不喜欢的事，做得很平庸，还要被责备不够努力。

如果能早些找到适合的领域当然是很幸运的，如果还没找到也不用着急。

人这辈子常常会经历迷茫期。迷茫，其实是心在发声，是心想要找到适合自己的路，这时候，就要敢于跟随内心的召唤。

我在节目中接触过不少人，都是在成年后才发现自己喜欢的事、擅长的事，然后毅然去做，慢慢积累出一些成就。我还记得有一位美国人，他在 20 岁时突然喜欢上中国功夫，漂洋过海来到中国，去少林寺修习了一年。他从 20 岁才开始学中文，而今他 40 岁了，中文非常流利，娶了中国太太，有了一个可爱的宝宝，还有一身功夫。他的"起跑线"是从 20 岁开始的，这并不妨碍他最终成为一个有特长、有所成也很幸福的人。

所以，家长为什么一定要着急在起跑线上就让孩子领先一筹呢？当一个人发现自己这辈子真正要做的事后，不用家长着急，他自己就会跑得很快的。

我们为了"抢跑"，一直在牺牲孩子的学习兴趣和身心健康，可是我认为，孩子小时候会认多少字、会背多少诗、会不会算术、学不学英语、上几个课外班都不是最关键的问题，更为重要的还是让孩子有健康的体魄，吃好、睡好、玩好；有自主学习能力，培养好奇心、观察力，学会思考、学会表达；让孩子有承受力、抗压力、恢复力，有获得快乐的能力。孩子将来离开父母，能否独立在社会上生存？面对诱惑时是否有定力？遇到挫折时是否能承受得住？遭遇失败后能否耸耸肩，站起来继续前行？我觉得这些才是一个人成长中更为宝贵的财富。

退一万步讲，就算孩子什么都没学到，可童年一共就那几年，转瞬即逝，为什么不让孩子这几年开开心心的呢？人这一辈子，如果得到了成功，取得了地位，但失去了快乐，失去了健康，又真的值得吗？

允许孩子在试错中学习

我做节目时，曾有一位专家讲过一个案例：孩子在小床里，小床周围有竖着的围栏，有一支笔在围栏外面，孩子把手穿过围栏的缝去够那支笔。笔是横着的，孩子每次收手，笔都啪的一下卡在围栏上，怎么也拿不过来。很多家长下意识的反应是马上帮孩子把笔竖过来，及时地"教"孩子："宝贝，你看这样不就对了吗？"

其实，家长立即纠正，孩子就失去了探索和试错的机会。

孩子也许会卡住很多次，也许会急得又叫唤又跳脚，直到某一次他终于碰巧成功了，他会豁然开朗，这是他自己发现的，会记得很深刻。

很多家长心急，眼看着别人的孩子都学会很多东西了，自己的孩子还不会，就想赶紧加快进度。其实如果孩子没能从根本上理解一个知识，就像大楼的地基不稳，起初是快了，但到一定程度就会慢下来，还得回头补地基。

这和学校老师灌输式的教育一样，短期内考试是应付过去了，成绩提高了，但孩子没有从根本上学到东西，很快就会忘记。总有些孩子好像不用老师教，自己理解得特别快，有的孩子则只有老师教过的才能掌握，相关联的就不会了。到了社会上，同时进入单位的几个人，有的过了很多年还是那个样，没什么进步，有的几个月就有很大变化，突飞猛进。区别就在有的孩子善于自己反思总结，能举一反三。

　　所以家长不要急，学多学少不是最重要的，重要的是有没有真正学到了东西。

　　正好几个月大时玩智力积木盒，盒上有各种形状的洞洞。"正确"的玩法是把形状对应的积木放进去。正好一开始都是乱塞的，总是放不对。我并不会去纠正他，他实在放不进去特别急时，我会给他演示一下。我会用比较夸张的语言讲："这个小牛太胖啦，进不去啦！""这个小猫太瘦啦，哎这个孔怎么这么大？"正好那时还不会说话，听我那么说就嘎嘎嘎地笑，热烈拍手。

　　后来某一天，他突然对我说："妈妈，这是正方形，这是圆形。""妈妈，这是小牛，这是小猫，这是小狗。"

　　所以家长不要去刻意教，演示只是辅助，要让孩子去试错。试着试着他就蒙对一个，慢慢自己就学会了。

▶ 飞机拿反了，但是也能飞上高空！

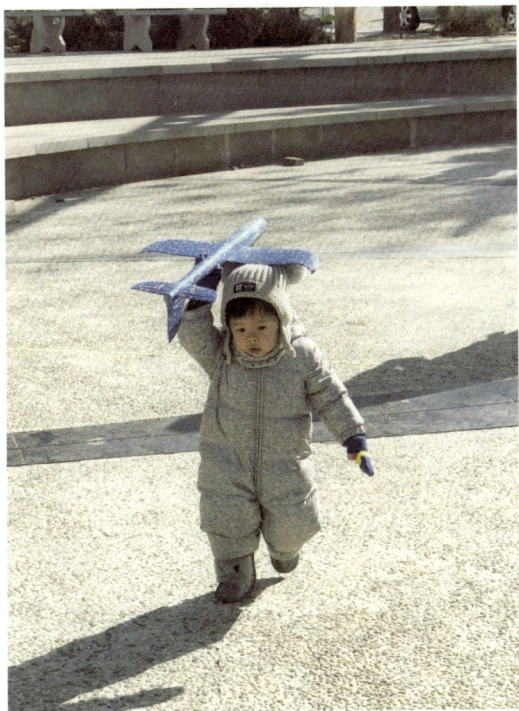

而且谁规定只有一个正确玩法呢？

记得正好有个小猪佩奇的滑梯玩具，好几只小猪排队上楼梯，从滑梯上出溜儿下来后再爬上去，循环往复。正好发现把小猪颠倒个儿后就会堵在滑梯口。他特别愿意让小猪都堵住。

顺着正好的玩法，我给他讲故事："这只小猪为什么掉过来呀？因为其他小猪在挠他的肚脐眼，他都快痒死啦！"

正好听了后笑得不行，说："我就要让他痒痒，我就要挠他的肚脐眼，我现在要去挠他的小屁股了！"

我觉得孩子能发现玩具的新玩法，正是想象力和创造力的体现，家长如果顺势鼓励，孩子就会更加饶有兴致地探索。慢慢地，孩子的思维会越来越开放多元，自学能力也会增强。

▲ 用空瓶子自制"保龄球"——开动脑筋，和孩子一起"发明"新玩具。

抓住孩子的成长敏感期

孩子的国度很神秘，有时他们会有大人完全不能理解的行为。

直到某一天，我接触到著名教育专家蒙台梭利的"儿童敏感期"理论，才恍然大悟。

儿童敏感期的概念是：0～6岁的孩子在成长过程中，受到内部潜能的引导，会自发地出现某种行为，对某一事物表现出高度兴趣，专注且重复，直到自己满足。

像吃手、把东西往嘴里放，很多家长觉得不卫生，赶紧去制止，去扒拉孩子的手，把东西抢走。

再比如，某个阶段，孩子特别喜欢把东西拿起来，然后"啪"丢出去，家长费劲捡回来，"啪"又丢出去，家长很气恼，孩子却乐此不疲。

孩子刚刚学会爬，速度特别快地满屋乱蹿，拉开一个个抽屉，把里面的东西翻出来，乱扔，管你什么珠宝细软内衣内裤，统统摊一地。

反反复复地按下电灯开关……

突然关注起自己的便便，喜欢说"放屁""狗屁"等话……

天马行空地说话，说个不停，像个小话痨，妈妈甚至不知道孩子从哪里知道这些话的……

过去面对正好这些行为，我也很困惑，后来才知道，这些都是自然现象，接受它，孩子就能顺利度过这段时期。

敏感期又被称作"最佳学习期"。

孩子爱吃手或爱把东西往嘴里放，这是他在用嘴去"品尝"这世界的形状、温度和味道，刚来到这世界的孩子认识世界最重要的工具就是嘴，所以他什么都想放嘴里"尝一尝"。等孩子能熟练使用手、眼认识世界，这一阶段就会慢慢结束。

孩子长牙会喜欢啃咬东西，要练习咀嚼，需要缓解长牙期牙龈不适。有专门给宝宝用的磨牙棒、咬牙胶、曼哈顿球，采用安全无害材质，便于宝宝抓握，还能训练宝宝的手眼协调，有条件的家长可以购买。如果孩子不太喜欢这些，也可以尝试磨牙饼干，只是孩子太小时吃磨牙饼干可能不易消化，建议六个月以后再给孩子吃。

孩子爱扔东西，其实是在训练空间感和手眼协调。爬是在练习大肌肉群。拉开抽屉取出物品是孩子在充分运用自己刚学会的技能（拉、拿、扔）探索外界。这时的孩子可能像个"小破坏分子"，大人稍微没看住，就制造了一摊混乱。

正好愿意扔东西，我就让他扔，把那些扔不坏的东西都给他，他扔得特别高兴。他喜欢撕手纸，我就让他撕，这也是他在锻炼手眼协调和指关节的力量，他撕得兴奋极了，手纸简直成了他最爱的玩具。

锻炼手眼协调能力时，我给正好买了串珠，珠子要很大的，不会误吞的。我看着他穿，穿来穿去穿不上，他急得啊，我也不会教他，就让他自己去体验。还可以练习拍球扔球。稍微大点时，拼插积木也是不错的选择。

孩子反复按开关，是在探索因果联系，这是孩子的逻辑思维初步建立的阶段，他们会很喜欢尝试按各种开关，看看会有什么反应。如果有条件，家长可以给孩子买按下按钮就能发光、发声的玩具，孩子在这一阶段会特别喜欢。

"儿童敏感期"是个系统性的、完整的知识体系，有不少专门讲这方面的书、视频、课程，家长如果感兴趣，可以再多了解。

只是家长们也不要在知道了这些知识后就过于较真。拿每个敏感期出现的

▲　我翻，我翻，我翻翻翻……

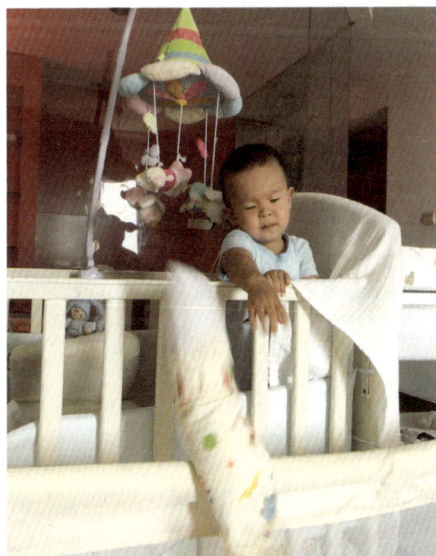

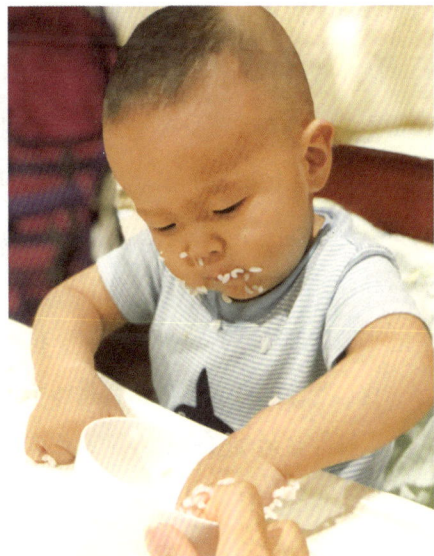

▲　左图：我扔，我扔，我扔扔扔……
　　右图：我抓，我抓，我抓抓抓……

时间点和孩子的情况对照，大可不必，这样家长又会过于紧张。了解了这方面知识，顺势而为就好。

我曾经也以为敏感期是到了一定时期一定会出现。看正好出现了，心里才踏实，要没出现或不明显，我就开始打鼓：怎么回事啊？怎么还没出现啊？是不是有什么问题啊？

像"吃手""啃脚丫"，都是孩子很常见的行为，有的孩子捧着自己的小脚丫，柔韧的小身子卷成一团，忘情地把脚丫往嘴里送，啃呀啃呀，如痴如醉。正好也吃手吃脚，但总是偶尔吃吃，吃两下就作罢，怎么没有那么沉迷呢？

我莫名担心起来，这是不是不正常呀？我跟别人打听："你家孩子吃手吗？"

正好一吃手，我就特高兴。哎！他吃了他吃了！

赶紧拍个照片。

"我家孩子怎么不爱吃手？"竟然慢慢地成了一个小小的心结。

后来，我真的一本正经地咨询了医生。医生笑着说："哎，像你这样的家长，认真是认真的，就是有点太紧张，学了点知识就往孩子身上套。"

我也不好意思地笑了，在那一刻，我发现自己是有点过于执着。

医生说敏感期在每个孩子身上的表现是不一样的，有的孩子明显点，有的孩子不明显，有的孩子根本就不会出现某些敏感期。

家长看了敏感期的描述，以为错过敏感期孩子就一辈子不能学习某种技能，终身遗憾，其实不会的。敏感期被称为"最佳学习期"，并非"唯一学习期"。教育是一件长期的事，随时都可以学习，我们不是还提倡"活到老，学到老"吗？

那敏感期一共有哪些阶段呢？我建议家长不必对此过于深究。

我认为敏感期的启示，就是尊重生命原本的样子，是允许和接纳，是不用自己的标准强加判断。

每个孩子都像一朵特殊的花儿，都有天然不同的体质和性格，需要家长针对孩子的个性养育。有的花喜阳，有的花喜阴，有的花喜欢潮湿，有的花喜欢干燥。接受差异，多去观察，慢慢地我们就知道"标准"究竟是什么了。其实没有标准，一切都是根据孩子的实际情况来的。

育 儿 小 贴 士

孩子口 — 手敏感期的注意事项

孩子在口 — 手敏感期时，什么都爱往嘴里放。

这时家长就需要辛苦些，保持物品和孩子手的清洁。

周围能抓起来放嘴里的物品可以进行高温消毒，注意不要用消毒湿巾、消毒液等，这些化学成分不安全。

要确保物品足够大，不至于被孩子误吞。

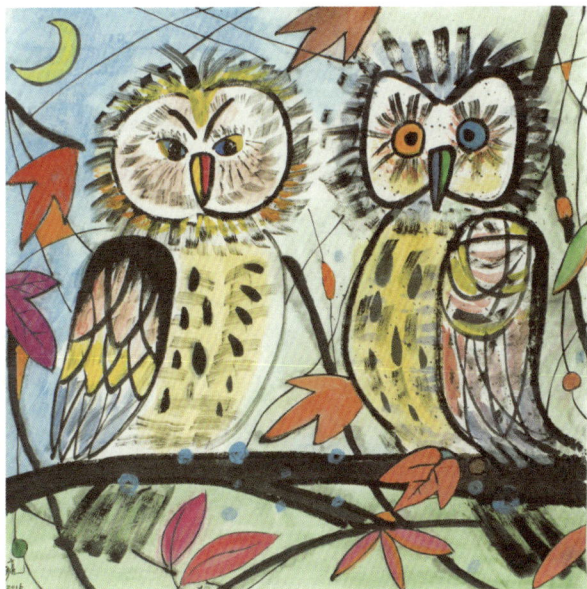

▲ 2016 年，《怀孕的猫头鹰》。

这个可以买，但是要下次

孩子一天天长大了，需求也越来越复杂，以前不外乎吃喝拉撒睡，大一点后就会想多看一会儿动画片啦，多玩会儿游戏啦，买某个玩具啦……问题来了：孩子如果真的用哭闹的方式无节制地要大人满足他的需求怎么办？

根本方法还是：分析孩子哭闹的原因、回应、沟通。

回应并不意味着纵容孩子每一个要求。

孩子要明白界限，知道有些事能做，有些事不能做。但给孩子定规矩，家长要讲求方法。

我有一门绝技，就是给孩子讲故事。第一次去商场，第一次旅游，第一次游泳……每个"第一次"前，我都把想给正好讲的规矩揉到一个故事里，故事的主人公可以选择孩子喜欢的卡通角色，效果奇佳！

商场里的玩具琳琅满目，孩子很容易看花了眼，这个也想要，那个也想拿，家长往往很头疼。

正好一岁半时，酷爱小猪佩奇，我则借机请小猪佩奇替我"发言"。

我郑重其事地对正好说："正好，小猪佩奇想和你商量一下，去商场一次只能买一样东西。你看怎么样？"

他很认真地点点头，还反复问："妈妈，佩奇还说什么了？"

孩子的童年通常会有一个阶段，在他的小小心灵中，相信小猪佩奇、超级飞侠等虚拟角色是存在的，是他的偶像或朋友。他的"好朋友"说的话，有时甚至比家长、老师说的还管用。家长可以利用这个阶段的特质，让虚拟角色替自己代言，孩子有兴趣，也听得进去。

正式去商场后，孩子很可能会把之前说的"一次只能买一个"忘记，家长还需要坚持、重复。设定好规矩后，大人一定要每次都遵守，不要时而遵守时而又不遵守，这会让孩子觉得规矩是可以随便打破的，也就不重视了。

有时，购物车里已经有一个玩具了，他又兴奋地拿起另一个玩具问我："妈妈，这个可以买吗？"

我说："可以啊，但是得下次。你的购物车里已经有一个玩具了，一次只能买一个，你把这个放到购物车里，就得把刚才放的拿出去。"

正好愣了一下，想起了之前和他提到过的规矩，犹豫一会儿，把之前的玩具拿出了购物车，没有怨言。

其实小孩儿往往分不清玩具的价值，看上新的，旧的很快就被抛到脑后，好像狗熊掰棒子。正好刚往购物车里放进一个喜欢的，就被另一个更喜欢的吸引了，主动和上一个换了。最后一结账，就一个玩具，他也没觉得有何不妥。

孩子对玩具往往也是三分钟热度，很多玩具买回去玩两下就不碰了，所以我常会让正好在现场玩一会儿，我也不催他，让他踏踏实实玩。过一会儿，他就主动跟我说："妈妈走吧。"

有时，正好也会有特别执着想要的东西。

他很喜欢托马斯小火车，最喜欢一辆叫"培西"的小火车，说了很多次想要一个。我答应了。可是去了一家玩具店，找来找去也没找到。正好很失望，眼见着小嘴就噘起来了，可贵的是，他没有哭闹，也没有说非得买。

"这家店没有培西，我们下次再买好吗？"我摸摸正好的头。

"好的，谢谢妈妈。"

正好这样一说，我都有点不好意思了。我心想，既然答应了，我就要做到，一定要给孩子买到培西。

下次再出门，我想着这件事，带正好去了玩具专柜，正好一路小跑着冲过去，一眼就找到了培西。

在我看来，小火车都长得一个样，也不知道正好怎么就能一眼认出来。

我按照约定给正好买了，正好如获至宝，特别满足。

如果孩子已经在外面大哭大闹起来，家长该怎么办呢？

首先要淡定，不要自己先急了，要先对孩子的感受表示理解、共情，语气轻柔一点，和孩子沟通。可以慢慢蹲下来，视线和孩子处在同一高度。

"宝贝，妈妈知道你很难受，但是妈妈真的没办法给你买。妈妈只能抱抱你，拍拍你，如果你这样能好受一些的话。"

孩子："我不要！我就要那个托马斯！"

这时家长的语气要温和，但不能妥协。

"宝贝，这次真的没办法，下次再买。"

孩子："我不，我不，我就要这次买！"

如果孩子还是大哭不止，家长还是先要让自己冷静，不要慌，不要急。

有时，确实需要允许孩子释放一下情绪。家长不要把孩子丢到一边，可以静静地陪在孩子身旁，如果觉得尴尬，就找个人少的地方，让孩子尽情哭一会儿。如果家长的态度是包容接纳的话，孩子的情绪一般一会儿就过去了，他的注意力很快就会转移。

但如果家长接不住孩子的情绪，急躁起来，就容易说出一些伤害孩子的话，也很难解决问题。

我也会给正好讲关于情绪的故事。有一个绘本将人的情绪具象化成小精灵，快乐、悲伤、愤怒、恐惧都有各自的形象和颜色。情绪原本是抽象的，绘本让它们具象化，孩子更容易理解和接受。

有一次，正好生气了，我是这样和他讲的：

"你看，你现在跺脚、皱眉，是叫'生气'的家伙出来了，'高兴'呢？'高兴'肯定是贪玩还没来吧？现在深呼吸，把'高兴'叫过来好吗？"

正好深吸一口气，小脑袋微微摇晃着，好像真的在寻找"高兴"。

"妈妈，'高兴'好像还没出来，'高兴'好像还在贪玩。"

"没关系，再等等，你再叫叫他……"

"妈妈，我好像看见'高兴'了，看见'高兴'露出脑袋了。"

"嗯！'高兴'快出来了是吗？"

"妈妈，'高兴'出来了，但是'生气'也还没走。"

"没事，再等等。让'生气'也再待一会儿。"

我们就这样聊天，聊着聊着，正好就把刚刚的情绪抛到脑后了。

好朋友，坏朋友？

骑上平衡车，正好"嗖"一下就冲得好远，像小鸟一般飞驰向前。

正好一天天长大了，开始有了自己的想法，开始越来越多地和同龄人一起玩，这个世界张开双臂欢迎他，他也无比兴奋地拥抱这个世界。我为他高兴，同时也有一丝担忧。

过去对他影响最大的是我，是他爸爸，是他的外公外婆，我能保证他身边的人都是对他充满善意的，我也一直用我的教育理念带他，我会为正好选择绘本，选择他看的动画，我能确保他的世界是健康的、阳光的、正向的。

但妈妈不可能永远保护着孩子，不让他接触外界，孩子总会受到他人的影响。当他在院子里和小朋友玩时，会受到同龄伙伴的影响；他上幼儿园、上学后，老师和同学都会影响他；现在网络这样发达，他接收的信息比我们那会儿多多了。

我深知，我们的培养目标是让孩子将来更好地融入社会，如果为了坚持正确的育儿理念而隔绝所有理念不同的人事物，也就成了对孩子的一种过度保护。

老话常说，让他去社会的大染缸里染着吧！我觉得院子里、幼儿园其实都是小社会，正好的性格在社会环境中会更凸显，我也更能发现他的特质。发现一些问题萌芽时，我也更能及时想办法。

当然，我认为孩子小的时候，辨别力还比较弱，家长有必要对孩子接触的人进行筛选，尤其是他的朋友、他所在的团体。我平时会观察和正好玩的小朋友，有的小朋友有一些不良行为，正好受到影响时，我会干预。因为我觉得朋友对孩子的影响是非常大的，如果孩子遇到一个坏朋友，可能会迅速被带坏，让之前的教育努力付诸东流。

记得有一次，我陪正好在小区玩时，来了一个穿黄T恤的小男孩。这个男孩动作很鲁莽，玩滑梯时看见正好在前面，他着急，就上手去推，一下就把正好推倒了。

滑下去后，他还叉着腰对正好说："我告诉你，我就这样推你了怎么着？"

我心想这个孩子怎么养成这么霸道的性格了，忍不住和他说："宝宝，你不能这样和弟弟讲话，弟弟比你小，你的一言一行弟弟都会和你学，你要做个好哥哥，弟弟也会和你学的。你要做弟弟的榜样，好不好？"

小男孩听进去了，点点头。

就在这时，小男孩的爷爷从老远处大踏步地来了。气势汹汹，我还以为他要说我。结果他走近后，二话不说，像抓小鸡仔一样，拎起小男孩的后衣领，把小男孩往地上一甩。

给我吓得，当场愣住。

爷爷大吼："别推小弟弟，知道吗！"

小男孩像没事儿人一样，从地上爬起来，掸掸土，低着头，不说话。

"快向小弟弟道歉！"爷爷声如洪钟。

我赶紧说："爷爷爷爷，没事的，没事的。您不用这样……"

爷爷倒没有一味偏袒自己的孙子，但是态度有点过于强硬。我突然意识到这个小男孩为什么动作会那么粗暴，原来他的家长就是这样对他的。虽然爷爷口头上教育小男孩不要推人，却在用行动向孙子展示着相反的做法，难怪孙子深受影响。

后来，我发现正好不知什么时候也学会了推人，看见别的小朋友挡在前面，就说："妈妈，我要这么推他！"

回家后，我认真地对正好说："正好，那个黄哥哥（因为不知道那个男孩叫什么，他穿着黄衣服，我就暂时叫他黄哥哥啦）推你的时候，你害不害怕？"

正好点点头，咕哝道："害怕。"

"那你推别的小朋友的时候，别的小朋友也会害怕。黄哥哥推人是不对的，如果你想过去，你可以对别人说'可以让我过去一下吗？'但是不要推人。"

正好明白了，以后没有因为急着往前冲而推过别的小朋友。

这之后有一天，正好在院子里又遇到了"黄哥哥"，我有点紧张，怕正好被推伤或是受影响。但这一次"黄哥哥"并没怎么样，只是跟正好一起玩一个飞机玩具，我在旁看着。

这时一个小女孩过来了，想和两个男孩一起玩飞机，他们不带她玩，小女孩便坐在地上哭了起来。

小女孩的阿姨迅速赶到了，很生气地对"黄哥哥"说："你怎么欺负小妹妹了？"

还没等"黄哥哥"开口，只见正义的化身——爷爷，又三步并作两步地冲过来了，上来又要打孙子，大吼："赶紧把飞机给小妹妹！"我赶紧制止，解释道："爷爷，咱们不强迫分享。我刚才就在旁边，全程都在看，小朋友没有推她，也没有打她，只不过两个小男孩在玩，不带妹妹玩，妹妹是自己坐在地上哭的。"

我对正好和"黄哥哥"说："你们是哥哥，现在妹妹哭了，你们愿不愿意把她哄好？"

一开始两个男孩还嘟囔着："不想和妹妹玩。"

我对正好说："正好，你愿不愿意哄好妹妹？把飞机给妹妹玩玩好吗？"

正好犹豫了一下，把飞机递给小女孩，小女孩也高兴了。"黄哥哥"也就此和小女孩玩了一会儿。

我觉得家长公正、有正义感是好的，但"暴力执法"是要不得的。好好说，孩子通常都可以理解。家长还是要有一点耐心，不然自己的一言一行都会深深刻入孩子的脑海，未来孩子就是自己的翻版。

曾经我也对"黄哥哥"有成见，这件事也提醒我，不要轻易给孩子下结论，凡事都要实事求是，不要冤枉了孩子。"黄哥哥"因为爷爷经常打骂他，已经不太在意被批评惩罚了，即使被冤枉也不解释。我想，也许他已经习惯了被冤枉，习惯了大人不相信他。

如果孩子出现一些坏习惯，大人只需要去纠正孩子的坏习惯本身，而不要彻底否定孩子，判定孩子为坏孩子。同时，大人自己也要检视一下自身，看看自己有没有言行不一的地方，要知道，对孩子影响更大的往往是大人的行动，而不是大人口头的教育。

大人做好自己，成功的教育往往就已经完成了大半。

在竞争环境中，让孩子彼此促进

某天，正好在院子里玩，遇到个小女孩，突然对正好说了一句：

"What's your name？"

正好听不懂，一脸茫然，许久，歪着头问：

"你说什么呀？"

小女孩骄傲地回答：

"我说的是英语。What's your name？ How old are you？"

正好使劲摇摇头：

"我听不懂！"

突然，正好想到了什么，扬起小脑袋："哼……那你说个四川话给我听听？"

这回轮到小女孩茫然了。原来正好刚刚从他爸爸的四川老家回来，还真会说两句四川话。

小女孩："你说一个我听听？"

"摇逮，摇逮！（要得，要得！）"正好有模有样地点着头说。

即使家长不去比较，孩子之间也存在自然的竞争。这是一个正常现象，但如何让孩子更好地面对竞争呢？

正好和小女孩的对话我在不远处都听到了，没上前干预，我也想看看正好怎么应对这种情况。

正好承认自己不会英语，但也没有因此自卑，用自己擅长的领域回应，反而让对方一愣。这是正好自己的方式，我猜可能是因为我平时经常夸他的长处，让他也懂得"扬长避短"。不过别人做得确实比自己好的一面，正好还不会去肯定，不知道可以向别人学习，只顾着拍拍自己的小胸脯，享受在竞争中不落下风的感觉。

我告诉正好，你会说四川话，对方不会说，这一点你比对方强。对方会说的英语你不会说，这一点她比你强。正好似懂非懂地点点头。

每个孩子都有自己的特点、长处和短处，一个成熟的人，可以正确认识自己，能发扬自己的长处，接受自己的短处，也能肯定他人、包容他人。

后来又有一次，吃饭中，有个小哥哥凑过来，他刚上小学不久，学了汉语拼音，很得意地问正好："你会汉语拼音吗？"

正好紧锁着小眉头，想了想，摇摇头："我不会。"

"哈！"小哥哥非常高兴，"你看，你不会吧，我就是你的榜样！"

正好一时愣住，憋了会儿，突然，他眼前一亮，说道："我是不会拼音，不过——我认识恐龙啊，你知道多少恐龙的名字，我们比比？"

还没等小哥哥回答，正好就深吸一口气，语速飞快地说："我认识——霸王龙棘龙迅猛龙肿头龙……"

宛如"报菜名"般吐出一长串很多连我都不知道的恐龙名字，说罢，又深吸一口气，算是收场。一时间周遭都安静了。

小哥哥有几秒钟说不出话来，他努力措着辞，终于，他抬起手——在正好面前落下一个大拇哥。

"小弟弟，你太厉害了，你说的这些，我都不知道。"

本以为正好这时会比较谦虚地回应，谁想到他很得意说："怎么样，服了吧？我说得没错吧？我是你的榜样吧！"

▲ 恐龙排排队，比比看谁最厉害？

我有点不好意思，又觉得很好笑，赶紧把正好拉过来说："正好，你看，你知道的恐龙名字小哥哥不知道，在这一点上你是他的榜样。小哥哥会的汉语拼音你不会吧，在这方面，他就是你的榜样。而且他做得好的地方，小哥哥懂得肯定你，这一点你也要向他学习呀！"

竞争客观存在，良性的竞争对孩子的学习进步也是有好处的。善用竞争环境，对孩子也是一种激励。

正好刚开始骑平衡车那会儿，本来有点胆怯，后来他跟在其他小哥哥小姐姐屁股后头，使劲儿追赶，也就顾不上害怕了。

不过一个健康的心态还是需要大人引导，让孩子既不自卑，也不骄傲，而是能更客观地认识自己，在这个基础上积极地投入竞争。在竞争中不必非得赢，不必怕失败，不必那么在意结果。我觉得首先大人自己要有一个好心态。

人不可能样样比别人强，也不可能处处比别人差，如果家长那里就只有一个衡量标准，要求孩子处处比别人强，孩子也容易迷失，他只知道自己什么都不能落于人后，却无暇探索自己的喜好。

"批评型家长"也会让孩子产生一种无力感，因为无论他怎么努力，从大人那里接收到的只有负面反馈，永远还需要提高，永远不够好。这样的孩子内心的安全感和自尊心可能会早早被击溃。长大后他也会成为一个完美主义者，在别人看来他已经做得足够好，但他就是无法自我肯定。

借着父亲是画家的光，我接触过一些艺术家，我看到那些造诣极深的大师，很多一辈子只投入在一件事上。这样的执着热爱总让我感动，也让我明白，一生只做一件事，并将之做好就已经很不容易了。

人要找到自己喜欢的事、擅长的事，这样他的一生就找到了目标，找到了意义。很多人不知道自己擅长什么，只是一味去做别人让他去做的事，虽然取得了成就，内心却没有满足感。很多人到中年、老年时才醒悟，终于发现自己想做什么。虽然我不会很早就给正好下定义，做结论，但我希望他能找到自己喜欢的事，这样他的一生至少拥有了一个港湾。他可以在疲累的时候、困惑的时候，痛苦的时候找到一种自愈的途径。在做这件事时，他可以不理会世俗价值观，专注自己的内心。

我父亲就是这样，他常常一头扎进画里，哪怕家里来了许多客人，周围再喧闹嘈杂，他都能丝毫不受干扰地画画。父亲说绘画是一种重要的自我表达方式，给了他很大的精神支撑。

我希望正好也能找到这样一件事，希望他在未来既有投入竞争、面对挑战的勇气，也能有自己的兴趣爱好，有一方心灵净土。在那里他可以恢复精力，找到自己，在纷扰的世间，有属于自己的一片天地。

学外语需要语言环境

高中时期，我同桌的英语成绩全班倒数，每每写作业都会抄我的。我经常笑话他"抄都抄不对"！

高二那年，他家人突然要搬到国外生活，他也一起出国了，那时说他的英语基础是零也不为过。

然而，几年后我再见到他，他不仅说得一口流利的英语，还开了一家公司，管理着若干外国员工，真是判若两人。

我觉得语言最大的功能是信息交流，不能为学而学。

记得正好一岁半那会儿，刚学会说话不久，吐字还不太清晰，想要桌上的香蕉，对外公喊了好几遍"我要香蕉！香蕉！"但外公就是听不清楚。

正好急了，突然冒出一句："我要那个 banana！"

外公一时惊醒，把香蕉递到正好的手中。

他为什么对 banana 这个词印象这么深呢？我想是因为不久前我给他讲过一个小猴子和大老牛的故事。

有一段内容是这样的：

大老牛问小猴子喜欢吃什么。

小猴子回答："我喜欢桃子 peach，苹果 apple，香蕉 banana 和橘子 orange！"

大老牛问："这么多东西你吃得完吗？"

小猴子说："我肚子没你的大，但这些我都吃得完！"

小猴子吃完后，就躺在大老牛的肚子上，午后阳光特别明媚，所以他们要好好地睡个午觉。

那时，我为了引导正好睡午觉才给他讲了这个故事，顺便把几个简单的英语单词融进去，发现效果不错，那之后正好对这四个水果的单词记忆特别深刻。

如果孩子没有一个长期的语言环境，学完英语后不巩固，很快就会忘。

上世纪的"英语热"源于时代需要，英语是当时世界上最流行的语言，那时会说流利的英语是非常时髦的事，也为就业提供很大帮助。这些年许多外国人也开始学中文了，说不定几年后中文成了更多人竞相学习的语言呢？

诗中画意

正好三岁左右时，会背一首对他来说很难的诗：

竹外桃花三两枝，春江水暖鸭先知。

蒌蒿满地芦芽短，正是河豚欲上时。

因为这首诗，他逞了次威风。

有一个小姐姐，会背很多诗。平时正好总是跟在小姐姐屁股后头，小姐姐也像小老师一样教给正好许多东西。那天，她像往常一样要教正好一首五言绝句，正好却突然背出了那首七言诗。顿时，小姐姐大哭。

正好傻在原地，不知道姐姐为什么哭。我们赶到后沟通才知原委。小姐姐一直都觉得自己是正好的榜样，这下自尊心受了挫。

回家后我告诉正好，姐姐平时会背许多古诗，是正好的榜样。这次姐姐哭是因为她不会，着急。这就说明背古诗是一件很了不起的事情，以后正好可要继续努力呀。

我家门口种了一排竹子，竹间交互掩映，透过竹子看，能看见朵朵桃花。

春天，我带正好散步时，顺势给他讲，这就是"竹外桃花三两枝"。

河水化冻，潺潺流淌，我又拿出这首诗来对正好说：

"冬天河水是不是结着冰呢？现在河水开始流动了，也不那么冷了，变得暖暖的，小野鸭子就能在水里游泳了。"这就是"春江水暖鸭先知"。

至于"蒌蒿满地芦芽短"，我就用地上刚刚冒出芽的小草打比方，告诉正好"蒌蒿"就是一种草，它们刚刚发芽，长得遍地都是，但还没长高，这就是"芦芽短"。

正好急切地问："什么是'正是河豚欲上时'？"

河豚一时很难找到实物，我就先告诉正好，河豚就是一种鱼。后来给正好看了看图片。正好知道了，河豚是一种生气时就会鼓成气球的鱼，上面长着很多刺。

当年夏天，我们全家去秦皇岛，有个朋友请我们吃海鲜。那家餐厅刚好有养殖的河豚，正好第一次看到真的河豚，兴奋极了，只不过那只河豚当时还不是鼓鼓的，正好就追着餐馆厨师问："河豚怎么变成球？"

厨师笑着对正好说，你要好好吃饭，叔叔就给你捞一条看看。

正好果然特别乖地吃了饭，刚吃完就冲下楼找到刚才的厨师。

厨师叔叔把河豚从水里捞出来，眼见着它一点点鼓起来，真的变成了一个球。正好小心翼翼地伸手轻轻摸了摸河豚身上的刺。

正好开了眼界，自此把"正是河豚欲上时"记得很牢。

平时我不会刻意让正好读诗背诗，只是生活中碰到某个情景，或突然碰到某首诗，就顺势教一下。我觉得诗歌的韵律对孩子的语言启蒙有好处，只是小孩背诗就像狗熊掰棒子，一段时间不巩固后就忘了，之后还要重学一遍。因为他对诗句的理解非常有限，只有那些他亲眼见过实物的诗，印象会比较深。

还记得学了"鹅，鹅，鹅，曲项向天歌"后，我们去公园看到一群胖胖的鹅，正好突然扬起脖子，也像鹅一样一伸一伸地。

"鹅，鹅，鹅！曲项向天歌！"正好大喊着。

给正好讲解古诗时，他偶尔会把我讲的意向曲解，我也不会特别去纠正。正好听说"两岸猿声啼不住"中的"猿"是一种猴子，激动地冲到书堆处，抽出一本讲生命起源的书，扛着书过来，翻到"人猿"出现那一页，指着：

"妈妈，是猿，猿！"

我心想，人猿和猿猴应该不是同一种，不过此时纠正，正好可能反而困惑，我就告诉他，猿就是一种猴，和人猿也差不太多吧。

"两岸猿声啼不住"从此也记得很牢。

孩子喜欢画面感强、语言形象生动的诗，尤其喜欢拟声词多的歌谣。迷上《西游记》后，正好接触了一首儿歌：

唐僧骑马咚了个咚

后面跟着个孙悟空

孙悟空，跑得快

后面跟着个猪八戒

猪八戒，鼻子长

后面跟着个沙和尚

沙和尚，挑着箩

……

金箍棒，有力量

妖魔鬼怪消灭光

小家伙总是乐此不疲地表演完唐僧，表演猪八戒、沙和尚，最后永远是拿着他最爱的金箍棒，挥舞一番，激情澎湃地结束在"妖魔鬼怪消灭光"上。

那正是他对孙悟空无比狂热的时候，这首儿歌不用怎么教，正好就烂熟于心了。

　　家长如果想让孩子学古诗、歌谣，不妨先从画面感强的入手，找孩子喜欢的题材，最好是能边念边表演的作品，给孩子拆解着讲，不强迫孩子背，只求尽量理解。如果有可能，可以把诗变成歌曲，旋律不用太复杂，边唱边学，孩子印象更深。

▲　2016 年，《哺育》之五。

孩子把 "5" 和 "7" 写反了

一次，一个小姐姐来家里做客，正好搬出自己的绘本请小姐姐看。不久后，小姐姐对我说："阿姨，正好太厉害了，那上面的字他怎么都认识呢！"

我一看，正好确实对着书，摇头晃脑地，很认真地讲着上面的故事，看上去就像他认识每一个字。

正好其实不认字，但有些绘本我给他讲过很多遍，他几乎把上面的内容都背下来了，所以能复述得一字不差。如果我讲的时候漏掉一段或不小心多翻过一页，他就会立即提醒我。

这是个很有意思的现象，即使正好对绘本里的故事已经烂熟于心，但他还是希望从我的口中讲出来，一遍一遍重复。即使他熟记上面的每一个字，每一张画，但单独拿出某个字词，他不见得认识。

至于他什么时候能真的认识上面的字，我并不着急。

直到正好三岁半，他还不认识几个字呢。很多和正好差不多大的孩子都认识不少了，还会汉语拼音和阿拉伯数字，能从 "1" 写到 "10"，正好只能写到 "4"。

曾经我也有一阵，试图教正好认字，但发现他没什么反应，对认字还没什么兴趣，我就先不教了。

▲　和小姐姐一起看绘本，正好煞有介事地"读"着上面的字。

偶尔，他会突然认几个字，我和他爸爸就顺势鼓励。

一次，我从单位拿回的台本，上有"主持人""儿童"等字样，正好指着"人"说："妈妈，这个字就——念——人！"

一会儿又指着"儿"说："妈妈，这是'儿子'的'儿'！"

我和他爸爸趁势表扬："哇，正好会认字了，都会组词了！"

正好歪着小脑袋问："什么是组词啊？"

我说："组词就是一个'儿'和一个'子'组合起来，诞生出一个词——儿子。你看'子'还能和别的字组合在一起，生出新的词吗？"

我这样讲，正好立即高兴地"生"起词来，虽然很多生得都不对，但兴趣盎然。

正好对"生"很熟悉，他知道爸爸和妈妈能"生"出正好，恐龙爸爸和恐龙妈妈能"生"出恐龙蛋，还认为坦克爸爸和坦克妈妈能"生"出小坦克。所以，一个字和另一个字结合起来，可以"生"出一个词组，他也很自然地理解了。

慢慢地，正好会给我一些惊喜，比如，突然指着广告牌念出上面的字啦，突然认识恐龙的名字啦，突然说出一些比较难的词语啦……我从没刻意教过，不知何时他就学会了。

近来，我还了解到认字过早也会有弊端。

首先要肯定，认字早的孩子语言天赋高，是非常棒的。如果孩子天然如此，家长不必干预。但如果家长过早在孩子认字上下功夫，而孩子不那么有兴趣，这样硬学，可能会损害孩子的形象思维。

这是因为语言能力主要依赖抽象思维，通常它会在孩子七八岁时明显发展，而六岁以前，是孩子形象思维蓬勃发育的时候。若在这一时期过分注重抽象思维培养，形象思维的发展就会被抑制。

我在节目中见过一些孩子，当要求画一辆车时，他们会直接写一个汉字"车"，之后就不愿动笔。

我们的教育更注重抽象思维。这方面强的孩子有逻辑，有条理，文字和计算能力都很强，容易在学校取得好成绩。但还有一些孩子，虽然在学校时表现平平，进入社会后却有非常出色的表现。后者往往形象思维较强，思维更活跃，更有创造力，更擅长打破常规，容易想出出乎意料的点子。

形象思维不仅影响艺术领域，科学研究也非常需要它的助燃。直觉、灵感都是形象思维的范畴，许多科学上的重大突破，一开始都来自科学家的灵光一现。

现在我们的教育已经开始注重形象思维的培养了，孩子的早教课也增加了不少创造性思维训练。

所以，认字这件事，家长大可不必太着急。

孩子写字写错了，家长也不必马上去纠正。孩子写错，可能是因为他的大脑正处于某个特殊的发育阶段。

像数字"5"和"7"，正好总是写反。当我提示时，他就强调："就！是！

这！样！的！"

后来我了解到，其实这是很多孩子都会经历的"镜像写字"阶段。这是因为孩子的视觉系统和空间概念还没发育完善，还不能像大人那样轻易分出正反。这和左右脑、左右撇子的使用倾向也有关系，正好现在左手和右手都会用，用左手写数字时总是写反，我也不要求他马上写对。我知道到了一定年纪，这种镜像书写就会消失了。

所以正好写错，我就让他写错。但他写对时，我会大加表扬。

看到别的孩子写得多，写得对，家长要放平心态，不必去比。

身在母语环境里，就算一直不刻意学认字，到了孩子上小学一二年级时，也会认识一些，到小学三四年级，大部分孩子的识字量是差不多的。这说明顺其自然，孩子也不会落下太远。但若在孩子没有兴趣时硬去填鸭，反而会挫伤孩子的自主性。

我认为儿童的早期教育，还应以培养孩子兴趣、激发孩子的想象力、锻炼孩子的自主性为主。

只要孩子有了兴趣和自主性，家长不用急，孩子自己就会去学了。

画画吧，写意地挥洒

正好一岁时，就喜欢拿着笔在小画板上乱涂。我和他爸爸给他"出题"，画个小汽车、画个太阳、画个爸爸……正好都小手一舞，大笔一挥，在画板上涂出极为写意的线条。那时他甚至画不出图形，但他画得很开心。

我也认为，像不像，对不对，不重要。重要的是，让孩子感受到绘画的乐趣。

绘画不是一种技能，绘画是一种游戏。

画人脸，正好总爱把眼睛画在脸外面，或者两只眼聚在一边，像比目鱼，嘴巴又特别大，都咧出脸颊了。

"正好，这个嘴怎么这么大呀？"我问。

"他，在，笑！"正好认真地强调。

很多家长看到孩子的画，第一

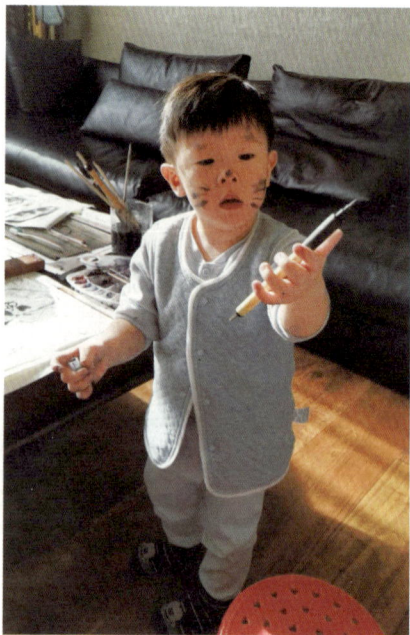

画成了小花脸。

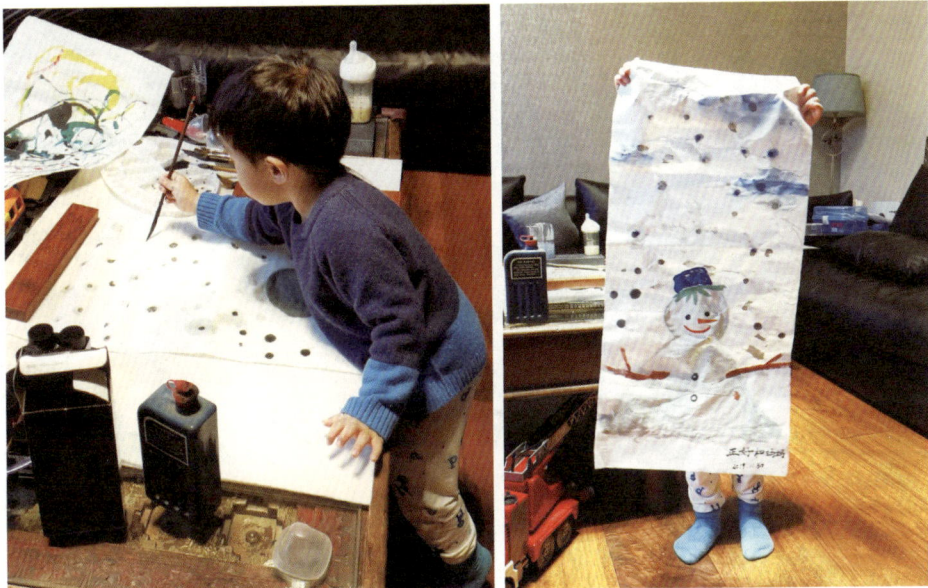

▲　和正好合作完成的小雪人，我负责雪人，正好负责点点儿。

时间评价孩子画得像不像，其实形似只是美术的一种评价角度。过去没有拍照技术，画师的一个任务就是用画笔记录人事物，自然要画得像。但自从照相机问世，美术就发生了深刻变革，印象派、抽象派、现代主义陆续登场，绘画从追求形似慢慢演变到追求神似，进一步发展到用画笔传递意境，表达思想神韵。今日，绘画不仅是一种临摹式的复制工作，更是我们表达情感、传递心灵之声的方式。

正好的第一张"国画"诞生于他一岁。我在桌上铺了一张很大的宣纸，把正好抱到桌上，让他用毛笔蘸墨后直接在纸上甩出墨点，形成了一张"点点画"。画上大的墨点是我扶着他的小手甩的，小墨点是他自己甩的。正好甩得特别开心，作品完成了，他也很有成就感。

大人只要开动脑筋，一定能想出很多适合小朋友画画的点子。

"掌印画"——双手直接蘸上颜料，在一张大画布上印。全家一起画，画布上出现大大小小的彩色手掌印。

"水拓画"——先在一个托盘里倒入画液，再把颜料滴入画液，用画针勾

▲ 《轨道》——正好的第一张国画。当时正好酷爱小火车，所以画什么都叫"轨道"。

出自己喜欢的图案，把纸扣在画液上几秒钟，把纸拿起来，水拓画就完成了。每张水拓画都不一样，即使是正好也能创作出很棒的作品。

秋天，我们捡回大大的梧桐树叶，正好用水彩笔在树叶上画上星星点点，他说是在用树叶写信……

我们还用水果蔬菜拼成画，用彩色小方块拼成马赛克画……生活中很多元素都可以用来画画。

孩子比较小的时候，还不太擅长控制手指关节做精细动作，那些粗犷一些的绘画方式比较适合孩子，无须边框，色彩可以很艳丽，可以尽情挥洒。

通过绘画，大人还能了解孩子的性格和心理状态。

我们的节目有一个画画的环节，要求孩子画出自己爸爸妈妈的样子，然后让爸妈们猜，哪张画是自己孩子画的。

有的孩子画得特别抽象，鼻子眼睛都在脸外面，根本看不出是谁；有的孩子画得就特别像自己的爸爸，连眼镜、脸上的痣都画出来了；有的孩子想象力丰富，有的孩子观察力超强，有的孩子笔触粗犷，有的孩子画得很细腻，这些都体现了孩子的差异。

心理学家认为，如果孩子的画线条舒展，图案也画得比较大，说明孩子的性格比较开朗，内心也比较敞开；如果孩子的画聚集在纸的某一角，画得很小，一笔一画十分仔细，或者线条断断续续、模糊不清，说明孩子的性格比较谨慎。对于年纪比较小的孩子来说，这说明孩子心中有某些恐惧，因此他的画也比较拘束，小心翼翼，这时家长要留意孩子的心理状态，多了解孩子，看看孩子是不是有什么心事。

在我的节目中，有的家长会说，我家孩子没有绘画天赋，但我从旁看来，发现家长在孩子画画时指点、批评得过多，这会让孩子不敢动笔，失去自信，即便原本有绘画天赋，慢慢也就被压制了。其实绘画不仅是美的表达、认知的反映，还是一种抒发情绪的方式。大人要鼓励孩子通过各种健康的方式表达自己，这对他们的心理健康大有好处。让孩子的画笔插上翅膀，他们的心也会自由飞翔。

▲　我会和正好实践不同的绘画方法，孩子能从中领略更多乐趣。左上：用笔尖点画；右上：用笔盖扣画；左下：用毛笔大肆涂抹；右下：用嘴吹开色彩。

▲　正好作品《大树发炮弹》。画到此处，我及时制止正好继续发挥，不然这"大师"的风格就变成一坨坨黑墨渍啦。

▲　和正好一起画"掌印画"。
　　每一个掌印都能变成一种动物，我们变了大象、狮子、孔雀、
　　鱼等等……这种绘画方式孩子容易操作，也能激发他的想象力。

▲　左图：妈妈在雪地上画的脸真有趣，但不一会儿都被我踩坏了。
　　右图：和妈妈一起画小狗 Miliya.

让故事为孩子造梦

很多家长都知道孩子是喜欢听故事的，也知道给孩子讲故事能达到一些教育目的，但不知道怎么给孩子讲。

市面上的儿童读物非常多，大多有一个共同的主题，读完一本书，孩子就能明白一个道理。但在实际操作过程中，很多家长却经常遇到困难：故事讲不下去、孩子听不进去、讲故事的效果不好等等。

我凭借自己多年和孩子打交道的经验，以及带正好过程中的亲身体会，总结出一些心得。我相信，只要方法对了，每个妈妈都能成为孩子的故事大王。

这些年我遇到过很多家长，他们提出的问题中有一些比较典型，下面我列举其中的几个，通过我个人的经验给大家分享解决方法。

1. 给孩子讲了半天绘本，但孩子什么都没学到。

有家长说，给孩子买了很多绘本，也尝试讲了很多次，到头来孩子一问三不知，什么都没学到，实在没有讲下去的动力了。

家长切勿功利性太强，将孩子的兴趣放在第一位

我的想法是，讲故事和讲道理其实不冲突，恰恰讲好故事更利于讲道理。

有些家长会在讲完一个故事后，迫不及待地考孩子，问孩子："这个故事讲了什么道理呢？""通过这个故事我们学到什么了呢？"或是像要求背课文一样要求孩子复述一遍内容。这样孩子会在听故事时就感到压力，久而久之失去听故事的兴趣。

一些商家在宣传绘本时就会着重强调其功能性，这只是一种营销手段。

另外，尤其是对小孩子来说，通过听故事、看绘本学东西，效果并不是立竿见影的，是需要长期坚持积累的。家长首先不要把学东西放在第一位，而要让孩子把听故事、看故事本身当作乐趣。

针对孩子的年龄层，选择孩子能理解的题材

大部分儿童绘本都会指出"本书适合××岁儿童阅读"，但实际这个年龄分层未必精准。

一般来说，两岁以前的孩子，喜欢每天生活中有的、随时可见、可触摸的、"此时此地"的题材，诸如"吃饭饭""拉臭臭""穿衣服"，不容易理解发生在"过去""未来"这些不在当下时间点的事的意义，不理解自己没经历过的事，不理解抽象的词汇。

随着孩子年龄增长，他会开始具备一些抽象思维，大约两岁开始，孩子能理解一些幻想中的角色，如小精灵、圣诞老人、孙悟空。

至于更复杂更抽象的内容，一般孩子在上小学后能慢慢理解。

不同孩子的实际情况不一样，家长可以仔细观察孩子的反应，孩子如果听懂一个故事，一般会给出反馈。

适合孩子的绘本未必是获过奖的，正好的绘本里，有些获过安徒生、凯迪克等大奖，但我给他讲时发现他的理解力还达不到，就没有产生太大的兴趣。而有的书虽然没获奖，但他能听懂、喜欢，就要求我一遍一遍地讲。

随时随地都有故事题材

给小宝宝讲故事，没必要一定对照着书，家长可以就地取材，拿宝宝身边常见的、常用的意向作为素材，故事无须编得特别复杂，简单而生动即可。

正好有一个摇摇椅，是他一岁以前最喜欢的，摇摇椅上挂着一只小猴子和一只小河马，正好一伸手就能够到。我经常用小猴子和小河马给他编故事：

《小猴子和小河马》

小猴子和小河马是一对好朋友。他们都想到对方的家里去玩。

可是小河马生活在水里，小猴子为难地说："我不会游泳啊！"

小河马说："没关系，你跳到我的背上，我带你去水里玩。"

于是小猴子就站在小河马的背上，跟着小河马一起走到了水里面。

小河马走到水比较深的地方时，水已经没过了小河马的背。小猴子的腿已经可以站到水里了，他觉得凉凉的好舒服啊。

小猴子把尾巴伸进水里，忽然，他觉得尾巴好像被亲了一下。

小猴子感到很奇怪，这是怎么回事呢？谁在抓我的尾巴呢？

小猴子用力把尾巴往上一甩，竟然钓上了一条小鱼。

哇！太有趣了！小猴子又把尾巴放了进去，又钓上来一条小鱼，他总共钓上来几条小鱼呢？

1 条，2 条，3 条，4 条，5 条……哇，总共 10 条小鱼，小猴子钓上来这么多呀！

围绕这两只小动物，我给正好编了无数故事，故事的过程和结尾稍微改一改，对正好来说就像一个新故事。

讲的时候，我的肢体动作、面部表情、声音都会很夸张，这样特别能吸引孩子的注意力。听到精彩处，正好会高兴地大笑、拍手鼓掌。

我的故事总是想到哪儿编到哪儿，偶尔穿插一点知识性，不强求理解。趣味性要放在第一位。家长可以大胆尝试给孩子编，如果偶尔编出好故事，还可以记录下来反复讲。

孩子的兴趣隐藏在他的日常语言和行为中

孔子曾提出"因材施教"的教育理念，我认为还可以加上一句——"投其所好"。投其所好其实就是发现孩子的兴趣。

孩子几乎不会掩饰，喜欢什么就经常提到什么，在他的话中，隐藏着他处于什么敏感期的线索。

我经常观察正好，和他交流。他最近爱提到什么呀？他有没有对某件事表现出不同寻常的热情呀？做一件事时他是不是很高兴、很主动呀？

正好在不同阶段会表现出不同兴趣，他可能在很长一段时间都很喜欢小猪佩奇，每天都会提很多次，有一天他突然不提了，开始每天唱"白龙马，蹄朝西"，想要金箍棒，想当孙悟空。在喜欢孙悟空的同时，他还同时喜欢恐龙、坦克、大吊车……

我觉得孩子这些看似普通、平常的兴趣点中，隐藏着一个个梦。这些梦蕴含着潜力，蕴含着光彩，就看家长能不能用欣赏的眼光去发现，去挖掘，去为孩子"造梦"。

2. 孩子的关注点总是很奇怪，听故事时不专心，还喜欢东拉西扯。

有的家长说，给孩子讲绘本时，孩子注意力很不集中，总是听一半就跑了，孩子的关注点也不在故事上，绘本明明是讲要懂礼貌，孩子却很关注画面角落的小猫小狗或谁跌倒了，谁的脸是红色的，谁的表情很夸张。还喜欢东拉西扯，一会儿就讲起和绘本无关的内容了。家长会苦恼地问，怎么让孩子专心听故事呢？怎么让孩子理解这本书呢？

随心随性讲故事，不必太在乎"仪式感"

对有的家长来说，读书是一件很严肃的事，必须正襟危坐，必须要专心，而且故事必须要从头讲到尾。这和每个人的阅读习惯有关系。虽然认真专心、有始有终是好事，但对大部分孩子来说，要求其坐好，专心致志地听大人把一个故事讲完是很难的。而且单就阅读这件事来说，还真不一定要"端端正正"。讲故事当然也不需要随时随刻都特别有仪式感啦。

最重要的是让孩子对故事产生兴趣，我们在做一件有趣好玩的事的时候是不需要太严肃正经的。如果孩子在听故事的过程中注意力被其他事吸引了，就随他去。至于下次再讲是重新来还是从中断的部分继续就让孩子自己决定。家长不必执着于让孩子从头到尾听完一个故事，穿插着讲也没问题。

孩子关注的内容和大人关注的常常不一样

一个绘本的精彩之处，是由家长和孩子一起发掘的。尽管绘本创作之初有一个立意，但孩子对于绘本有自己的理解。我相信，当绘本被孩子阅读的时候，它才变得更加完整。孩子用他们独特的视角，认真地探索着每一个角落，经常能注意到大人注意不到的细节。有时孩子甚至能天马行空地讲出很多绘本上没有的东西，这正是联想力和创造力的表现，这不代表他对这个绘本没兴趣，恰恰相反，说明他喜欢这个绘本。

所以家长们可以任由孩子的思绪飞扬、发散。

另外，等孩子再大点，他会很自然地理解绘本所说的意思，孩子现在不理解，是因为他还小，他的关注点、敏感点还不在那里。

和孩子一起编故事

正好喜欢看的动画《托马斯小火车》里有一个情节，托马斯和他的朋友开上新的轨道后不熟悉路，不小心掉进泥坑里，弄得一身脏。

正好对掉进泥坑这个情节特别感兴趣，由此衍生出一首新《摇篮曲》——《培西掉下去了》。

这首歌的曲调和经典的《摇篮曲》旋律一样，歌词则改编了。

不知正好什么时候"创作"了这首歌，一天睡前，他突然冷不丁对我说："妈妈，今天你给我唱《培西掉下去了》。"

我一愣："《培西掉下去了》是什么？"

"《培西掉下去了》就是——妈妈，你这样唱——培西／不小心／开上了新的轨道。"正好指挥着我。这段的原词是"睡吧／睡吧／我亲爱的宝贝"，我试唱了下，歌词还真能对上。

于是，正好就一句一句指导着我，一会儿培西掉进了泥坑，一会儿大吊车来救培西，一会儿大吊车的轮胎不见了，一会儿洒水车又来了……新角色层出不穷，情节一波三折，竟然还挺合乎逻辑，甚至还突出了"一方有难，八方支援"的主题。其实啊，我一直在悄悄引导他，每当正好故事里的角色遇到了困难，我都会问："那么，谁来帮忙呢？"帮忙的新角色自然也就出现了。

编故事案例 1：《11 只猫》

日本有一套非常有名的绘本叫《11 只猫》。绘本讲述了 11 只小猫经历的种种小事。11 只猫的性格并不很完美，有的有点淘气，有的有点小滑头，有的有点贪心，有的喜欢异想天开，有的有点懒……但他们的本质是善良的。11 只猫齐心协力做了很多事，但并不总是顺利，常常会搞砸。

《11 只猫》的故事其实没有刻意给孩子讲什么道理，但正好自从听了他们的故事，就把 11 只猫当成了自己的朋友。11 只猫原本有个队长叫"虎猫队长"，我和正好说：

"11 只猫想选个新队长，谁来当他们的队长呢？"

正好兴奋地举手："我！正好队长！"

从此之后，正好队长就加入了 11 只猫的队伍，经常和他们一起上天入地下海探险。

有时，11 只猫会掉进泥坑里，正好队长前来帮忙；

有时，11 只猫去大海探险，但他们乘坐的潜水艇坏了，正好队长会骑着恐龙营救他们；

有时，11只猫开起坦克，结果坦克坏了，正好队长负责维修；

······

对正好来说，11只猫是活的，是真实存在的，就在他身边，每天陪伴着他。

我会经常把11只猫编入他的日常生活。比如要去游泳了，我会给正好讲："11只猫和正好队长去游泳，正好队长说，游泳前要穿好泳裤，做准备活动，谁没有认真做呀？"正好听了很高兴，到了游泳馆后不用我说，就一步步做好了。

再比如正好幼儿园举办了运动会，晚上睡觉前，我会让11只猫和正好一起参加运动会，正好在跟我描述11只猫做什么的过程中，实际是把自己白天的经历复述了一遍，我也由此了解了孩子一天的生活。我觉得这是一种非常好的和孩子交流的方式。

所以，其实孩子喜欢的故事，不需要刻板生硬地讲道理，更为重要的是有鲜活的、让孩子能代入其中的角色。有时看完一个故事，合上书页，大人自己可能还在纳闷，嗯？这个故事是讲什么呢？怎么好像没头没尾的？但是孩子非常喜欢。

编故事案例2：《牙齿大街的新鲜事》

牙齿里住着兄弟俩，一个叫哈克，一个叫迪克。他们分别住在牙齿大街1号和牙齿大街2号，他们每天都往家里搬运食物，贮藏起来。巧克力、棒棒糖、可口可乐等都是他们的重点储存对象。不久后，他们把牙齿大街建成了"龋齿大街"。

后来，突然有一个刷子在龋齿大街横冲直撞，刷子上有许多"牙齿警察"，牙齿警察把龋齿大街里的食物都拿走了，把哈克、迪克好不容易建的房子也弄坏了。

哈克、迪克决定在牙齿上开更深的洞，他们打开了牙神经的保护层，终于把他们的房子搬到了更深的地方，牙齿警察们这下够不到他们了。

然而有一天，一个铁钩伸到牙齿大街，还带来了许多黏土，黏土把哈克、迪克建的房子填上了，还拔掉了一颗牙。哈克、迪克从此不能住在牙齿大街啦！

到这里，是"牙齿大街"这个故事的原始版本。听了这个故事后，正好知道了如果不好好刷牙，哈克、迪克就会在牙齿大街盖房子，最后就要长龋齿，不得不拔牙。刷牙的时候会有牙齿警察清理牙齿大街，哈克、迪克就不得不搬走了。

那该怎么刷牙呢？

这时，故事里出现了一个客串角色——小猪佩奇。

我让小猪佩奇来教正好刷牙。

正好认真学习着刷牙的动作，边学边问我，妈妈，小猪佩奇是这样说的吗？

正好刷牙从来没让我操过心，每天都很主动地自己刷牙，边刷还边对我说：

"妈妈，小猪佩奇跟我说应该这么刷牙。妈妈，我刚才已经把哈克刷出去了，迪克还没有，我现在要找迪克。"

尊重孩子的"虚拟偶像"，陪孩子"角色扮演"

孩子有一个阶段，一般是从两岁开始，非常喜欢把自己代入到故事里，和故事中的角色成为朋友，进行角色扮演。

喜欢"角色扮演"其实是孩子的一个敏感期，这和孩子自我意识的形成关系密切。

孩子刚出生时几乎是没有自我的，在新生儿的世界里，自己和妈妈之间没有明确的区分，他完全依赖妈妈生存。等孩子大一些，他慢慢生成自我意识，从过去只和家人互动，慢慢过渡到与同龄人交流、玩耍。这时候他们的自我还很脆弱，需要一个支撑。偶像就是这个支撑，内化于孩子心中，给孩子力量。

孩子的偶像，未必是真实的伟人，很可能是虚拟角色，就来自他喜欢的动画片。像前面提到的小猪佩奇、孙悟空，都可能成为孩子的偶像。

当孩子角色扮演的时候，会觉得自己仿佛真的具有了偶像的特质，他会感到比较安心。

认可孩子的角色扮演，也是鼓励孩子向自己的偶像学习，有利于孩子良好品格的形成。

角色扮演案例1：《超级飞侠》

《超级飞侠》是一部经典的国产动画片，讲述了一群叫"超级飞侠"的小飞机周游世界，给小朋友们送包裹，帮助人们解决困难的故事。

正好迷上《超级飞侠》后，每天扮演小飞机，在家里"突突突"地飞来飞去，最终停到我面前，挺起小胸脯，骄傲地说："妈妈，我是超级飞侠！"

"妈妈，我要给你送快递，你订了什么东西了吗？"正好积极地询问我。

我说："有啊有啊，把牛肉给妈妈取来吧。"

正好应声点头，伸着两只小胳膊当翅膀，"飞"出家门。不一会儿，正好从院子里捡回几片小树叶，又在家里"飞"了几圈，"降落"到我旁边。立正站好，送上手里的"牛肉"："妈妈！这是你的快递！超级飞侠，准时到达！"

通过扮演超级飞侠"帮助"别人，正好收获了满满的成就感。

角色扮演案例2：正好工程师

日本著名绘本作家宫西达也有一套关于小卡车的绘本，正好看过后，对里面的小卡车角色"小红""小绿""小粉"等非常着迷。

自此之后，正好就经常希望我给他讲小卡车的故事。

"妈妈，今天你给我讲一个小粉的故事吧！"

"好，今天，是小粉去送货。"我开始讲。

"可是妈妈，小粉的胆子非常小。"正好参与到故事设计中来了。

"对呀，小粉的胆子很小，我们该怎么办呢？"

"把她胆子变得大点！"小正好自信满满地说，好像经他这样一说，小粉就变成了一辆勇敢的小卡车。"我可以来帮助她！"

"小粉的车在马路上，轮胎爆胎了。"小正好凭空编出了这样一个"事故"。其实轮胎爆胎是他在其他绘本里看过的情节。

我说："小粉现在又开始哭了，该怎么办呢？现在要请工程师来了，工程师是谁呀？"

"我！正好工程师来了！"小正好立即化身为工程师。

正好工程师不仅会出现在小卡车的事故现场，还会在《托马斯小火车》和《超级飞侠》的故事里出现，有时，正好工程师还当场变身为正好消防员、正好警察、正好司机……

这样的角色扮演，无形之中培养了孩子乐于助人的品格。

角色扮演案例3：孙悟空猫头鹰正好队长

孙悟空是正好最喜欢扮演的角色，他凝聚了一切"英雄"的特质，正义、不羁、充满力量，作为小男孩，正好喜欢孙悟空我完全能理解。

可是有一天，他突然对我说："妈妈，我不是孙悟空。"

我很好奇，这孩子怎么突然这么说？

"那……你是正好队长吧？"我问。

"不，我也不是正好队长。"

正好的头摇得像拨浪鼓。

"妈妈，我是猫头鹰宝宝。"

我在脑海中搜寻着"猫头鹰宝宝"的源头，突然想到，前不久我画了很多张猫头鹰妈妈和猫头鹰宝宝的画。也许正好看到了，觉得我喜欢猫头鹰，所以就想当猫头鹰宝宝。

我假装困惑地问正好："那……你说……该怎么叫你呢？叫你猫头鹰宝宝吗？"

▲ 《守护》，2020年春节，疫情期间在家画了这幅画。正好
希望自己是左下角的猫头鹰宝宝。

正好来了精神，跳着说："叫我孙悟空猫头鹰正好队长！"

我强忍住笑，故作严肃地说："这个名字可太长了吧？叫什么来着？"

正好又一个字一个字地重复了一遍："叫，我，孙，悟，空，猫，头，鹰，正，好，队，长！"

"猫头鹰宝宝"这个身份是不是意味着正好非常渴望妈妈的爱呢？孙悟空则是他的英雄主义情结，正好队长是他的"助人情结"。我不承想，一个三岁多的孩子，内心已经如此丰富了。

3. 给孩子讲的故事，过了一段时间孩子就忘了，像没讲过一样，是孩子记忆力不好还是没听进去？

很多家长会发现，一些明明给孩子讲过，还讲过不止一次的故事，有一段时间不讲，再拿出来孩子就会像没听过一样，对里面的角色情节全忘了。家长因此失望，觉得之前的故事白讲了。

给孩子讲故事，不求数量多，可以一个故事反复讲

对成人来说，听过一次的故事或许再听就会觉得腻烦，但对孩子来说，喜欢的故事往往是愿意反反复复听的。

有的故事我已给正好讲了不下几十次，还要我讲，讲的时候他会盯着，一旦我讲得不符合他之前听的，他就会指出来：

"妈妈，你讲错啦！"

即使如此，他还是会缠着我把故事再讲一遍。

对同一个故事进行改编，将其他故事中孩子熟悉的角色加进来，这种"混搭"故事孩子也是喜欢的。

孩子对一个故事的记忆力和理解力没有大人想的那么好，大人觉得讲过了，孩子也理解了，其实很多时候孩子听的时候就懵懵懂懂，只理解了一部分，如果不重温，忘记是很正常的。

随着孩子理解力的提升，会对同一个故事有新体会，成人应该也有这种感受吧。

重读一本经典的书，重看一部喜欢的电影，虽然内容是一样的，但时过境迁，自己有了新的经历，对事物的理解也有所改变，"旧"的也就变成"新"的了。

4. 孩子过于沉迷故事，心灵会不会变脆弱，长大后会不会难以面对现实？

有些家长总是会在孩子看绘本、看动画片时补充一句"这其实是假的"，明确区分故事和现实，很怕孩子混淆。

还有一种观点认为，孩子小时候沉浸在美好的故事中，长大后却要面临残酷的世界，内心会接受不了，不如从小就让孩子了解现实。

混淆幻想和现实是孩子成长过程中的自然阶段

就像正好和孙悟空交朋友，相信自己牙齿里有"牙齿警察"和"哈克""迪克"，相信自己身体里有小精灵，孩子成长过程中有一个阶段是很容易相信故事中的角色是真实存在的。

这是因为孩子的思维能力、判断能力还在发展中，等他大一点，自然会区分幻想和现实，大人不必刻意去提示。也正因孩子的心智还不成熟，接受力和成人也是不一样的，所以需要循序渐进地接触现实，故事正是起到帮助孩子面对世界、了解世界的引导作用。

直接让孩子用成人的方式面对世界，反而对孩子的心灵是一种伤害。

幻想和现实之间，是想象力在飞翔

人类本身是会幻想的动物，正因人类会幻想，才诞生了那么多伟大的文艺作品，才产生了那么多了不起的科学发明。

孩子天然拥有一种珍贵的力量，就是想象力。正因孩子对幻想和现实分得不是那么清楚，所以他们才能信马由缰，肆意畅想，没有边界。很多成人丧失了想象力，正因那份幻想的冲动被抑制了。

如果能允许孩子在幻想和现实间多徘徊一会儿，多做一会儿梦，想象力就会有更多发展空间，这样孩子长大后不仅能面对现实，也不会丧失想象力。

梦虽然会醒，但留在心中的积极影响依旧延续

回想我们小时候，也曾有过沉浸在幻想中的时刻，等我们渐渐长大，开始意识到一些虚拟角色其实是不存在的，但曾经那些角色的的确确给我们的精神世界带来很大影响，他们就住在我们心中。

很多大人不理解，为什么要让孩子相信那些虚幻的事物。我想，这是因为真正影响我们人生的，不仅仅是客观现实，我们内心的那个主观世界对人生也有深刻影响。我们相信着什么，崇拜着什么，热爱着什么，都能影响我们的现实行动、现实选择。

有时我也会想，总有一天，正好会跟我说，妈妈，曾经我们讲的那些故事

▶读绘本可以让我第一时间看到孩子们的状态、表情，让我更好地走进他们的童心世界。

都是假的，那些角色都是不存在的。也许到那时他会有点失望，但我还是愿意在他愿意相信梦境的时候给他造梦，希望他的梦越长越好……

梦虽然会醒，但那些幻想中的角色曾经传递给正好的善良、勇敢的价值观，那些角色曾给正好带来的快乐，依旧会留在他的心中。

故事就像一座桥梁，联结着我们母子俩的心灵。

故事是法宝，让我和孩子的沟通事半功倍。

那些经典故事中的角色，他们就像一个个引导者、翻译官，我跟随着他们，来到孩子的国度。

其实成年人的世界，有时也需要梦的装点。

我们何尝不想偶尔梦一会儿呢？

11 只猫放臭屁

一天睡前，我正在给小正好讲《11 只猫》，他突然对我说："妈妈，11 只猫挨个放了个屁！"说着就乐起来。

后来，托马斯小火车的汽笛，正好也描述成"噗噗"放了个屁。

坦克开炮，"砰砰"，两个响屁。

一天到晚离不开屁了！

又有一天，正好拉完大便后兴冲冲跑过来说："妈妈，我今天拉了一个 6 ！"说罢就拉着我去"欣赏"他的杰作。

我强忍住笑意，故作严肃地表达着"是吗，不会吧？"，边跟着正好去检视，马桶里果然躺着一坨卷成一圈，像数字"6"般的便便。

正好得意地看着我，好像在说："看，是 6 吧。"

正好又仔仔细细、小心翼翼地观察了好一会儿，才把他的"杰作"冲掉。

没两天，正好又缠着我去欣赏他新拉的"坦克"。

小孩的便便也不算很臭，还能忍受，我看见马桶里卧着两坨便便，下面的大，上面的小，还挺整齐地摞在一起，还真形似坦克。

今天的便便像小山，明天的便便像蜗牛，每天都有新花样，我猜测，正好可能到了"屎尿屁"敏感期。

"屎尿屁"敏感期是孩子成长过程中一个很独特的阶段。某一天，孩子突然开始谈论起自己的"排泄物"，甚至会说一些像是骂人的"污言秽语"，比如"狗屁""臭屁""屎壳郎"等话，不仅爱谈，还会在和其他孩子一起玩时比较"谁放的屁最臭、最响""谁拉的便便更长""谁尿得更多"等等，大人会很吃惊，很生气，以为孩子染上了恶习，急忙训斥、纠正孩子，没想到孩子却表现得很逆反，越纠正，孩子对"屎尿屁"的热衷就越变本加厉。

尤其是爷爷奶奶这一辈带娃，更容易在孩子拉完便便后第一时间就把便便冲掉，不会给孩子观察的时间。孩子要是尿在了地上，不仅不会让孩子观察，还免不了一番数落。

孩子其实会花时间观察尿的流向，看尿在地上摊成什么形状，这时他脑海中正在天马行空地想象，大人一番呵止，就把这个过程打破了。

"屎尿屁"敏感期在孩子三岁左右出现，伴随着孩子的性别意识萌生，持续很久，一般到小学低年级，有些孩子小学高年级还有"屎尿屁"敏感期的显现。

孩子会突然说这些，是因为他们正在飞速发育，他们开始密切观察自己的身体，在他们眼中，并不觉得"屎尿屁"很肮脏，只是觉得很好玩。他们也通过说那些"污言秽语"，感受着强烈的言辞的力量——每次一说，身边人的反应就很强烈。他们发现自己可以通过语言影响身边的人了。通过说"污言秽语"，他们还能释放压力，感到快乐。

大人如果在这时立即强硬地阻止、训斥孩子，孩子也会由此产生负罪感，表达的快乐被剥夺，孩子不再说"屎尿屁"，却也因此变得畏首畏尾，不敢表达；还有的孩子会产生逆反心理，大人越是阻止，他们越要说。

当然，如果孩子是对着大人或其他孩子说"狗屁""臭屎"一类的话，大人可以温和但坚定地告诉孩子"你这样说我，我不高兴，希望你不要这样说我了"。孩子也会因此明白"污言秽语"会引起别人的不快，也会在社交中寻找自己言辞的界限。

生活中"屎尿屁"来袭时，我不会回避，而是顺势和正好谈论。家中有人肚子咕噜咕噜叫，我会和正好说："谁的肚子咕噜咕噜叫，像放屁，好臭呀！熏死我啦！"随即夸张地捏着鼻子，用手忽扇忽扇。

正好也学着我的样子，用手捏着鼻子，忽扇忽扇："好臭呀，熏死我啦！"

借着正好在"屎尿屁敏感期"的兴趣，顺势教他自主上厕所，可谓事半功倍。

每天睡前，我会和正好一起到厕所马桶旁。

我问正好："厕所有什么声音呀？"

正好指着马桶："哗哗哗，马桶的声音……"

"对啦！厕所有马桶的声音，马桶抽水，轰隆隆，拉的大便被冲走啦！"

一讲到"大便被冲走啦"，正好就像被按下"大笑"的开关，笑个不停。

"正好，以后每天睡前都要自己上厕所哦。"

正好点点头，此后果然不再用大人提醒。

爸爸妈妈，我不想让你们变老

一天，正好偶然看了一个讲爸爸妈妈会变老的视频，号啕大哭。我从没见他哭得这样伤心。正好紧紧抱着爸爸，泪水沾湿了爸爸的衣服："我不想让爸爸变老！"

"你为什么不想让爸爸变老啊？"我问正好。

正好不回答，只是止不住地流泪。好像那眼泪是直接从心里流出的。他爸爸轻轻拍着正好的后背，温柔地安抚儿子。正好渐渐平静下来。

"你是不是也不知道为什么哭，就是觉得想哭对吗？"我问。

正好点点头，把头更深地埋进爸爸的胸膛。

又一日，正好吃饭时突然放下勺子，抬头看着我，小声说："妈妈，我不想吃饭，因为我吃饭后就会长大，我长大后你就会变老。"

我听了后又感动，又有点心酸，又有点不知该如何应答，这孩子最近怎么变得有些多愁善感了呢？

我对正好说："妈妈即使老了，也还是会陪你玩的，妈妈希望你长大。"

不知从何时开始，"变老""死去"这些比较沉重，即使是大人也不愿意面对的话题，开始浮现于正好的小小脑海。

我和正好经常在木棉湖边捞鱼捞虾，一次，我们把捞的小鱼带回家养，小鱼还很脆弱，不适应新环境，没有养活。

正好问我小鱼怎么了，一时之间，我不知该如何向正好诠释"死亡"。我很想说"小鱼睡着了"，但我也曾听专家提到过，尽可能不要对孩子掩盖死亡。可以用孩子生活中能接触到的自然现象类比，但不要用各种曲解的方式回避。

"正好，小鱼它死了，我们接下来要去院子里把它埋起来。"

"小鱼为什么会死？它为什么不闭眼睛？"正好似乎已经在过去对"死亡"有过朦胧的感知，他知道生命逝去后会闭眼睛。

"因为鱼没有眼皮，所以它死了就不会闭眼，我们有眼皮，死了后就会闭眼。"

正好似懂非懂，跟着我开始进行小鱼的"葬礼"。

我把小鱼装在一个小盒里，埋在院子里的一棵树下。我告诉正好，小鱼这样会很高兴，因为它这样就还能和我们生活在一起。

正好望着树下鼓起来的小土包问我："妈妈，小鱼死后去哪儿了？"

我说："正好，小鱼死后会变成更多营养，这棵树就会越长越高，越长越好，那就是小鱼在立功呢。"

我把一朵小红花插在埋小鱼的土包上，告诉正好这是对小鱼生命的一种尊重，小鱼会很高兴的。

我虽然曾经了解过孩子"死亡教育"相关的内容，但我觉得正好还有点小，我还是拿不准该用怎样的措辞和他讲，就半科学、半淡化地给正好简单讲解。正好半信半懂地听着，之后每天还跑到树下看看，看树长高没有。

前段时间，朋友送给我一只垂耳兔，我带回家去，正好喜欢极了。只是那只小兔身上实在太臭了，我就给它洗了个澡，怕它着凉，洗完后马上给它吹干了，可没想到，第二天小兔竟然死了。问了别人才知道，兔子刚到新环境会很紧张，那只小兔也还比较年幼，被洗澡激到了，很容易死。我特别后悔，也很难过，好好的一只小兔子，才到家里一天就死了。

正好看到小兔不动了，就问我小兔怎么了。我只得告诉他，小兔死了。和上次埋小鱼一样，我也把小兔放在一个小盒子里，周围放上一些花，和正好一起，把小兔埋在院子里，给它办了个葬礼。

可能是经历过两次小动物的死亡，在正好的意识中，"生命会死"的概念具象起来。成年人都知道，死亡是每个生命都必然要面临的，但即使是成年人，也很难真正面对这一事实。通常我们会回避死亡这一话题，更别说和孩子谈论。

我回想自己的过去，当年爸妈更不会有意识地给我讲死亡是怎么回事。第一次理解死亡，是因我和表姐养的小鸟"巧巧"的离开，不知为何，那件事让我印象特别深。

我还记得小时候，我和表姐很淘气，在院子里掏鸟窝，从鸟窝里掏出一只刚孵出来的小鸟带回家养，取名巧巧。表姐写了《巧巧日记》，记录巧巧长大的过程。

我和表姐给巧巧用纸盒做了鸟窝，门还能抽拉，每天细心地喂，真的把它喂活了。后来我家养了一只猫，猫鸟不容，巧巧就被表姐带回去养了。不久后，表姐说巧巧会飞了，可以带来给我们看看了。

谁承想，巧巧太聪明了，竟然自己把门顶开了。它刚一获得自由，没几秒钟，就被我家的猫一口咬住，被叼到床底下了。我和表姐都慌了，拼命把猫从床底下拖出来，扒开猫的嘴把巧巧取出来，但已经太晚了，巧巧奄奄一息。

表姐的《巧巧日记》最后一篇，写的是"巧巧之死"，表姐写：巧巧从猫的嘴里救出来后，还看了我一眼，就永远地闭上了它的眼睛。

我俩捧着巧巧哭，哭啊哭，过了好一会儿，就把巧巧捧到院子里。当年，我和表姐就是找了棵树，准备在树下造一个巧巧的坟冢。我们在树下挖了个坑，把巧巧放进去，捡了很多花瓣给巧巧当被子盖好，把土埋上后做了个坟包，找砖头把坟包垒成一圈，还放了一个小碗，里面装着小米，又用铁丝边串起花做了几个花圈。每个动作我们都小心翼翼，郑重无比。

都弄好后，我和表姐对着巧巧的坟包三鞠躬。那一幕被我家邻居看到了，晚上，我妈下班回家，邻居就告诉我妈："你家俩孩子太逗了，俩人下午不知埋了什么小动物，在那儿又哭又磕头的。"我妈也只是笑笑："嗨，俩小神经病。"

今时今日，正好问起我小鱼怎么了、小兔怎么了时，我和表姐埋葬巧巧的画面还历历在目，可能那件事真的对我有挺大影响，所以一直扎根在我心底。

死亡既是生命最自然的一部分，又是生命最残酷的一面，我不敢说我给正好讲解死亡的方式是不是最适当的，我觉得正好有这个意识太早了，如果有可能，我真希望他晚两年再问我关于生死的问题。但我很清楚，总有一天，这是一个无法回避的问题。成年人自己对死亡的态度，也会影响他给孩子讲解死亡的方式。目前，我希望正好能明白生命是很珍贵的，要尊重生命，敬重生命，爱惜生命，同时也能大致了解，生命是一个循环，生命逝去后虽然不能复来，但会以另外一种形式，重新投入大自然，以另外一种方式，继续陪伴着我们。

有时我也好希望正好永远长不大，我和他爸爸永远不老，一家人就像此时此刻这样，永远在一起。

活在当下，珍惜此刻，是我们能做的，也是我们该示范给孩子的。

分离——孩子成长必经之路

那是正好大约两岁半的时候，我已恢复了台里的工作。编导们说，你把正好带到台里让我们看看呗，我们都挺想见见他的。

我说不行啊，正好来了我主持会分心，也可能照顾不好台上的孩子。

我主持的《七巧板》节目里的小朋友都和正好差不多大，每个都需要密切关注。所以编导一再邀请，我都拒绝了。

一日，编导又和我说，都两年啦，我们都没见过孩子呢，你把他带来一次让我们看看，放心，我们都有经验，你就在台上主持，正好让我们照顾。

我们节目组大多是女生，家里都有孩子，个个带孩子经验都很丰富，她们拍着胸脯跟我说："不用你操心，交给我们，我们轮流帮你带正好！"

就这样，正好第一次来到我的工作单位。

没想到这一来，正好还歪打正着地立了一小功。

那天的节目原本有八个小朋友要上台，有一个临场大哭，说什么都不上了，正好就成了临时替补。节目里的关卡其他小朋友都提前练习过，正好没练过，我估计他也完成不了太好，第一关就会被刷下去。我把他安排在最不起眼的赛道，凑凑份子也就是了。

第一关要骑小车运送物品，正好从没骑过，我看他小脸绷着，聚精会神，

▲ 让正好帮个忙，在节目中推广亲子瑜伽的好处。

格外认真，最后他用双脚蹬地一点点往前挪，一趟一趟地运完了物品。我没想到，他还真的凭借自己的能力过了第一关。

第二关拧瓶盖，他也是第一次拧，模仿别人的动作，竟也完成了。还有亲子瑜伽，正好也配合得很好。那一回我发现这孩子不怯场，很喜欢上台。

节目中的亲子答题环节，我们会给小朋友吃棒棒糖，那是正好第一次吃，不知道怎么咽口水，吃得满嘴都是哈喇子，还感叹"太好吃了"！

一连串的歪打正着，构成了这奇妙的第一次，本来以为正好会影响我工作，没想到他还帮上了忙。

我在正好一岁时慢慢返回工作岗位，工作逐渐增多，台里时而需要我晚上过去录节目、主持，有时还要出差。他爸爸这几年的工作也忙起来，出差的频率增加了。

只要有时间，我都会尽量陪伴正好。只是还会时不常地面临短暂分离，我

▲　节目结束后工作人员合影，正好以为自己也是工作人员，站入队列。

和他都需要慢慢适应。

一开始正好不理解为什么爸爸妈妈要去上班，上班是怎么回事，为什么非得去？只知道我以前一直在家陪他，突然就要经常出门了。他会对我说：

"妈妈，我不想让你走，我要打那些小朋友。"

我很惊奇地问："为什么呀？"

正好眼泪哗哗地淌下来："因为他们有妈妈，我就没有了！"

还记得有一次，我要去录节目，家里一时没人能看正好，我只得再次带着他到台里。那天的节目里有很多小朋友在台上唱歌，舞台上灯光灿烂，特别热闹，正好看着看着，就要上台。

我让正好站在队伍的最后，谁想到没一会儿，正好挤到了前头，在聚光灯下，如痴如醉地唱着，完全进入了状态。

就是那一次，正好知道了我工作的地方有很多其他小朋友，我上班去就是去陪伴那些小朋友。

正好高高兴兴地唱完了，以为我的工作结束了，想让我陪他回家。得知我还不能下班时，他的眼泪哗哗地涌出来："我要妈妈陪我回家！"

导演、摄像师傅、小演员们、台下观众都等着呢，我有点着急，解释着："不行，妈妈还有工作，你别闹，你先回家等妈妈！"

正好突然叉起腰来："那我就把这个地方砸了，砸你个房倒屋塌，你们就都可以回家了！"

"啊，那不行，那有人会批评妈妈的。"

"不会的，我叫如来佛祖来帮忙！"

台下一阵爆笑。

正好哭哭啼啼地下了台，被我妈抱到化妆间，台里的金豆哥哥去安慰他，见到一只哭花了脸的小花猫，金豆哥哥笑着对我妈说：

"外婆啊，听说你们家有个孩子叫正好，特别听话，不哭闹，是吗？"

外婆："是啊，就是这个小朋友。"

▲ 正好在右下角。其实他的位置在镜头外，但是他还特别卖
力地参与表演。

正好嘟着嘴不高兴："我不是正好，我也不是孙悟空，我谁也不是。"

金豆哥哥："我听说那个叫正好的小朋友可懂事了，他知道妈妈辛苦，不能陪他。"

正好哇的一声哭出来："我就是觉得我妈妈太辛苦了，他们也不让我妈妈休息一下！"

我听了后挺感动的，没想到正好哭着找我，不只是想让我陪他，他也想陪妈妈。

回到正好抱着我的腿说"要打妈妈单位的小朋友"的时刻，我很认真地和眼眶红红的、吸溜着鼻涕的正好讲："正好，其实大部分小朋友的妈妈都要去上班，不去上班的妈妈也会有别的事要出门一会儿，所以大部分小朋友也都有没有妈妈的时候。"

正好不哭了，正在努力理解我和他说的话："你不能打他们，因为这是妈妈的工作，妈妈也得去交朋友，妈妈也得努力，妈妈也要学习，也得让你过上好的生活。"

正好抹抹眼泪，不抱着我的腿了，也很认真地对我点点头说："妈妈，我也要去学习，我也要去交朋友。"

我说好啊："将来你上幼儿园，我去上班。"

又过了一段时间，正好突然对我说："妈妈，我长大了也要去工作，我要挣钱给你买东西！"

说罢就用小手指在平板电脑上戳戳点点，我一看他还真是在看购物网站呢，只不过看的商品都是鞋拔子、假牙套这一类的。

"妈妈，这个我给你买一个吧。"

"妈妈，这个也买一个。"

我笑着说："正好知道给妈妈买东西了，妈妈太感动了，但是你有钱吗？"

正好扬起头说："有啊！我用我上课的金币买呀！"

原来正好在网课上获得的金币可以兑换玩具，他之前已经兑换过好几个了，我们称赞过他"都能挣钱给自己买玩具了"，他很认真地记在心里，懵懵懂懂地知道妈妈去"上班"也是为了"挣钱"，挣了钱就可以买玩具。

那之后，他对妈妈上班这件事也更理解，更接纳了。这需要一个过程，大人不要急，慢慢给孩子讲。

当妈妈逐渐恢复工作去上班，当孩子刚开始上幼儿园，当妈妈第一次出差……孩子感到焦虑，大哭，不愿意分离，这都是正常的。

孩子出生后就一直跟妈妈在一起，几乎没分开过，当然会有不接受、不适应的表现。有些妈妈也会焦虑，一直担心孩子，孩子不在身边就感到空虚。妈妈自己也要修习，不要将自己的焦虑表现出来，过度表达担心，过度依依不舍。妈妈也要意识到，这个分离对母子都是有好处的，这是孩子成长的必经之路。

妈妈不要轻易给孩子贴标签，比如说：

"我家这个孩子特别依赖，离不开妈妈。"

"我家这孩子啊胆小爱哭，身边必须得有人，将来可怎么办呀。"

"我家孩子估计将来走不远，就得在家附近待着了，他离不开人，太黏人。"

其实没有适应不了的孩子，通常只有适应不了的父母。是父母觉得孩子适应不了，所以给孩子暗示，孩子就真的慢慢变得缺乏自信，内心的恐慌不安也增强了。

关于分离焦虑，我觉得有几点是可以注意一下的：

一、当孩子哭得特别厉害的时候，大人不要硬抛下孩子，以免让孩子心里产生"被遗弃"的感觉。

可以稍微多花一点时间跟孩子解释，先和孩子共情，表达对孩子情绪的理解。

比如我会先抱抱正好，对他说："妈妈也不想去上班，也不想和你分开，但是没办法，这是妈妈的工作。"

正好哭了一会儿，知道我无论如何都要去上班了，就会像下定什么决心似的，抬头看着我，认真地对我说：

"妈妈，那我送你。"

正好会泪眼婆娑地看我上了车，目送车子远去。看他那可怜巴巴的样子，我的心也酸酸的。一下班，我归心似箭，恨不得一瞬间就到家。但我也克制着自己，让自己保持平常心，不要像久别重逢一样，表现得太夸张，强化我外出这件事。就像平常那样回家，平常地和正好打招呼，让正好知道妈妈出门是件再平常不过的事。照顾正好的小花姐姐说，我出门后正好呜咽一会儿，很快就没事了，就开始自己玩，看动画片了。

我在家的时候，正好常常会问我一些问题：

"妈妈，你今天上班吗？"

"妈妈，你晚上要出去吗？"

"妈妈，你今天要坐飞机吗？"

有时是一大早就问，有时是玩着玩着冷不丁地问，有时是对我出门有所预感时间，他体内好像有一个"妈妈出门雷达探测器"，满怀期待的小眼睛一直在观察我的一举一动，但凡我发出一点要出门的信号，他都能捕捉到。

如果赶上他爸爸出差，他就更害怕我去上班。我并不外出工作，只是出门办点事时，会和正好说："正好，妈妈出去一会儿啊。"

正好自此学会问："妈妈，你今天要出去一会儿吗？"

"妈妈，我特别希望你今天陪着我。"

"可是妈妈一会儿还真的有点事要出去呢！"

"妈妈，那你现在陪我睡个觉行吗……"

"好的，没问题。"

经过一些"讨价还价"，正好终于找到了他的"平衡点"，我也很乐于在不出门的时候尽量陪伴正好，让他觉得妈妈并不会因为外出、上班而减少对他的爱。

也许一开始孩子会表现得很舍不得妈妈，很黏人，甚至哭闹，缠着不让妈妈走，他也不理解妈妈为什么要去上班，为什么不陪他了，但这时妈妈不要觉得这是孩子适应不了分离的表现。孩子的反应是正常的，他只是需要一点时间，也要给自己一点时间，慢慢就好了。

二、妈妈要遵守承诺，要守时。

妈妈走之前要和孩子讲好，妈妈去哪里了，几点回来，有没有可能晚回。最好能准时归来，这样孩子之后也会对妈妈说的话更信任，心里更踏实。如果不能准时，也要和孩子说好。

我常常在晚上出门前和正好说："正好，你先睡，你睡醒了妈妈就躺在你旁边了。"

预料到会晚回家一会儿，也会和他打好招呼："正好，妈妈今天要晚回一会儿，你要听小花姐姐的话，先睡觉。过一会儿妈妈就回来了。"

最好能让孩子亲眼看到妈妈去的地方、妈妈乘坐的交通工具，这样孩子心里会对妈妈的去向有一个更具象的感知。孩子的抽象思维还不强，往往对于距离和时间的认识跟大人不一样，大人觉得去的地方不远，对孩子来说可能特别远，大人觉得只离开了一天，对孩子来说却是离开了很久。孩子对没去过没接触过的地方更是不易想象，甚至对很小的孩子来说，妈妈只要不在视线范围内，就相当于"消失了"。

所以我会给正好描述我工作环境的样子，也让正好见过飞机、火车，正好能想象我和他爸爸究竟去哪儿了，就会更放心一些。

三、营造一点小小的仪式感。

我每天外出前，正好都要郑重地跟我说"拜拜"，然后亲亲、抱抱。如果我忘了，他还会认真地提醒我。

"妈妈，你得跟我说拜拜。"

"好的，拜拜正好！"

"拜拜妈妈，妈妈拜拜！"正好连连说着。

有时候，孩子哭闹得太厉害，家长一出门就缠着不让走，赶上上班要迟到了，家长不得不出下策，趁孩子不备，偷偷溜走。这样孩子其实会更难接受，"分离焦虑"也会愈加严重。所以，我虽然不会在外出和归来时表现得特别夸张，但也会好好和正好道别。这样他的心里会比较踏实，知道说了"拜拜"，就代表妈妈会像往常一样回来。

四、给孩子讲故事，提前对"分离"做准备。

正好第一天上幼儿园的表现让我很惊喜，原以为他会哭一会儿，至少也要抹几滴眼泪，但到了门口，他说了一句："妈妈拜拜，我要去上幼儿园了。"就走了进去。一天结束后，老师跟我说正好表现得很好，一整天都没有哭闹。

我想，这和我提前给他讲过很多上幼儿园的故事，给他做过很多心理铺垫有关。

有一套绘本叫《小兔汤姆》，其中有一本就叫《汤姆上幼儿园》，我给正好讲了很多遍，让正好知道别的小朋友一开始也会害怕上幼儿园，但幼儿园里会有很多好玩有趣的东西，还会交到新朋友。（《小兔汤姆》这套书详细地罗列了 3 ~ 5 岁的孩子生活中可能遇到的事件：《汤姆走丢了》《汤姆挨罚》《汤姆上幼儿园》《汤姆住院》《汤姆尿床了》……这些事有的是正好已经历过的，我给正好讲时，他特别有代入感，立即把小兔汤姆当成了自己的朋友；有些还没经历的，正好也充满好奇。待他真经历时，我发现他适应得很快。上幼儿园就是一个例子。）

有一首儿歌，我也经常给正好放，歌词很简单："爸爸妈妈去上班，我上幼儿园"，正好经常听，朦朦胧胧间就认识到这两件事都是最自然、最正常的。当真要上幼儿园时，正好也不会觉得突然。

探索

尝试

鼓励

启 发

好 奇

分 享

乐 趣

期 待

释 放

第四章

用微笑的眼光看世界

　　如果有一天，正好问我为什么要叫月亮姐姐，或许我会告诉他：月亮就像我们的人生，月有阴晴圆缺，我们的人生也会起起伏伏。当我圆的时候，那是我在哈哈笑；当我弯的时候，那是我在微笑；当我朦胧的时候，那是我在思考；当你偶尔看不见我的时候，也许我也有烦恼。

儿时的梦

我 39 岁才有正好，很多人都非常惊讶，在他们看来，我那么喜欢孩子，早就应该要孩子了。

我喜欢孩子，确实是件尽人皆知的事儿。

在我还是孩子的时候，我就喜欢给别人带孩子。

五岁那年，邻居家生了个小宝宝，我兴奋得跟什么似的，天天往人家那儿跑。后来邻居看见我就赶紧塞给我个洋娃娃，把宝宝抱得死死的，为什么呢？因为我总抢着抱人家孩子，有一回，我正抱着呢，孩子往下出溜，我往上一挺，一提，用力过猛，孩子忽悠一下从我肩头折过去了。幸好，孩子没摔坏。

不过，再大点后，我就成了带孩子能手，也是个名副其实的孩子王。童年，我的自由时间很多，成天在院儿里，一帮孩子跟着我，爬树翻墙、掏鸟窝，又胆大又淘气，还捅过马蜂窝。那会儿没有手机、没有电脑，但小朋友聚在一起，玩的创意层出不穷。既有不知谁发明的流传很久的古老游戏，又有大家开动脑筋原创的新游戏，跳皮筋砍包捉迷藏就不用说了，我们特别喜欢的还有各种"模仿游戏"——

玩"开大公共"，我扮演售票员，小朋友们一个挨一个假装上车，我用小纸片当车票，一张张撕给他们。嘴里一本正经地说："到站了，请乘客下车。

先下后上……"

玩卖东西,我当售货员,自制称重的秤,捡个石子就是商品,摘个叶片就成了货币,售货员说个自觉合理的价格,顾客给出叶片,售货员还仔细地找零……

玩上学,我当老师,上课点名,小朋友们举手回答问题,假装读书、考试……

我是个独生女,70年代末,这还是挺少见的。我的同学几乎都有兄弟姐妹,就我独一个。

母亲从小就好学、要强,从清华附小,以全校第一的成绩考入清华附中,眼看就要上大学了,遭遇时代动荡,外公被下放到山西,母亲的学业之路也中断了。

母亲心中一直有个求学梦,然而命运像在和她开玩笑,1976年,高考恢复,1977年,她正准备报考,就有了我。

我小时候总有种猜测,母亲有点怨我,因为是我又一次阻碍了她的梦想。

她生了我几年后,国家就推行了计划生育政策,母亲头一个响应号召。

母亲总说,人一定要努力,努力学习,努力工作。人生事与愿违太多,如果不全力以赴,是不会有任何成就的。尤其是女人,得付出许多许多努力,才会有一点点收获。

我还记得母亲后来参加成人高考,把题目都录下来,边做家务边听,全家回荡着ABCD的题目选项……她是那种满分100,没考100考99就要哭鼻子的人,对自己要求特别严格。上学时,她必须考进前10名,必须当"三好学生",特别要强。后来她当了编辑,对编校极其认真,我小时候从来都不能写错别字……

▶ 我和妈妈。

　　母亲就是这样，不甘于命运的轨迹，一直逆流战斗着。

　　她从没催促过我早点结婚要孩子。我觉得我应该感谢母亲，有意无意地，她成全了我的自由。在生孩子这件事上，她没有过问。

　　命运的安排常常隐含着想不到的意味，如果母亲当初没跟外公下放到山西，就不会认识我父亲。母亲的哥哥，也就是我舅舅，也是一名画家。他和父亲曾是中央美术学院附中的同学。后来舅舅考入了中央美术学院。父亲考入了中央工艺美院。1973 年他们都分配到山西工作。是舅舅，把母亲介绍给了父亲。

　　若无这般错综因缘，也就不会有我。

　　我出生在山西文联大院，一个连吹过的风都夹杂着几分文艺味道的艺术家聚集地。

一片文艺的肥沃土壤

小时候，大院儿里走两步就能碰上一位艺术家。

我邻居的叔叔就是雕塑家，我没事儿跑到他家去，他正塑头像呢，随手丢给我一块胶泥。在我看来，那就和橡皮泥没两样。

邻居叔叔有一搭无一搭地给我指导两下，对年幼的我而言，艺术理论我是理解不了的，但我很早就知道原来雕塑是这么来的，原来很多雕塑都不是直接捏出来，而是有模子的……

爸爸的朋友也大多是艺术家，多为人风趣、谈吐幽默。他们来家里做客，聊的话题总是谁的艺术功底更扎实？谁的艺术创作更有新意？谁的设计更能另辟蹊径？谁的艺术思想更能引领潮流？有时，他们也聊起旧时岁月的趣事，笑声阵阵，感染着在一旁懵懵懂懂的我。虽然不能尽数听懂，但我觉得他们讲的东西特别有意思。

我们那个大院里有间剧院，省歌舞团、省晋剧院常在这里演出。有时会放电影，我能免费进去看，经常一连看好几场。出了大院，过一条马路就是少年宫，有声乐组、剧曲组、体操组、表演组、绘画组……两元就能上课，优秀组员学费就免了。我先去了剧曲组，之后其他组老师陆陆续续叫我去上课，我各个组都溜达过一圈，上了几年还混成了优秀组员，老师还让我帮忙带更小的

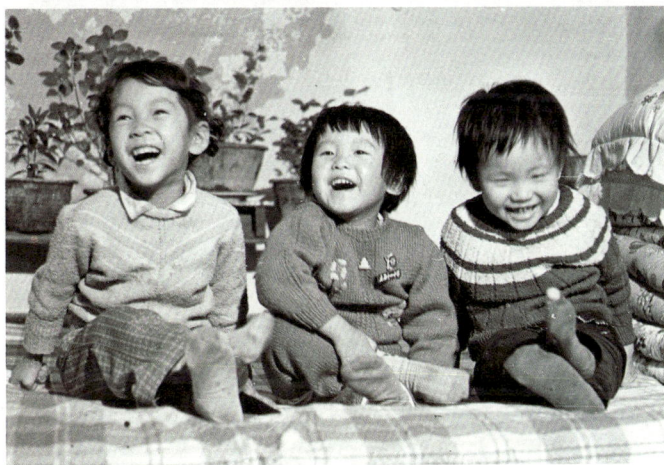

▲　童年的我（中），无忧无虑，和几个小姐妹快快乐乐地长大。

学员。

这样一天天缓缓累积着周遭的影响，在那样一片肥沃的土壤，我很难不浸润几分对艺术的热爱，总有几颗文艺的种子，像蒲公英似的飘进我幼小的心灵，就那么不经意地播撒下来了，即使无人定期照料，也自行地扎根，生长着。在父母几乎完全不给予期望的情况下，这热爱反而获得了野蛮生长的自由。

我的兴趣爱好很多，绘画、唱歌、跳舞、讲故事……这些种子悉数发芽，在阳光下疯长，缠绕在大树上，我完全不知哪段枝叶最终能长成大树，只是做着梦，沉浸在童年的五彩斑斓中。

除了父母，我人生的早期还有幸遇到一些人，我深深地感谢他们，是他们不遗余力地鼓励我，像太阳一样温暖我，启发了我的才能，点亮了我的生命。

在外公外婆家的时光

头一个对我影响颇深的是外公，从小我就对外公非常钦佩，觉得他是个特别有学识又很有品位的人。他会四国语言，是一名工程师，又发明了好几个国家专利。

小时候，每到周末我就去外公外婆家。七岁时我就坐着公交车自个儿去了，起初我妈还蹬着自行车在后头跟着，跟了两次后我就说不用跟了，我能行。

寒暑假我更是一直泡在外公外婆那儿，四个表姐、一个表妹和两个表弟也常驻，我们总凑一起写作业，极偶尔时还互相抄抄……

有一次，外公家来了几个日本人，他们谈什么我不懂，只记得一位日本叔叔临走时送了我一个挂着金色小口琴的项链。那把口琴闪闪发光，我总把它挂在胸前，挺着小胸脯，可神气了，没事儿就拿起来吹两下。它只有七个音，但我觉得自己仿佛能吹出天下所有的曲子。后来才知道，那天外公是在和那几个日本叔叔谈雅马哈电子琴的引进。是外公把雅马哈电子琴引进到山西的，所以外公家很早很早就有电子琴。电子琴在那时真是高级啊，谁家有一台，且跟别人显摆呢！我特别爱那台电子琴，经常无章法地乱弹，外公也说弹得不错。我

▲ 日本叔叔送给我金色小口琴，我和表姐、爸爸、舅舅给
叔叔画像，用我家特殊的方式对叔叔的到来表示感谢。

瞎唱歌，外公也说我唱得准。

外公总是给我很多鼓励，但在一些关键问题上，他的要求就非常严格。我当上主持人后有一次，要穿中式的衣服。外公看了我的节目后打电话过来，非常严肃地问：

"今天看你在台上，你穿的中式衣服，第一个扣子为什么没有扣住？"

我知道自己又粗心了，支支吾吾地说："我没有注意……"

外公又道："那为什么没人提醒你呢？女孩子一定要注意每一个细节，穿中式衣服第一个扣子一定要扣住。"

外公对艺术敬重又富有热情。年年春节，我们都聚在外公家，举办家庭艺术会，每个孩子都要表演节目。我们几个小孩像在正式舞台上，从帘子后走出来，模拟着大幕拉开，我们慢慢走上台……我们把大大小小的椅子摆放整齐，模仿歌星的样子，从最高的椅子上一步步走下来，还像歌星似的，向坐在床上的外公和外婆伸出手握手。他们既是观众，又是评委。

我们有人表演唱歌，有人表演讲故事，有人跳舞，还有人画画，我那几个

▲ 童年回忆里，尽是我和兄弟姐妹们的欢声笑语。
下图右一是我外公，他是我们家的"孩子王"。

姐妹个个才艺出众，我就是在她们的影响下，也学了些皮毛。最后我们还要郑重其事地评奖。其实每个人都有奖，有人是最佳表演奖，有人是最佳美术奖，有人是最佳歌唱奖。大家得奖了都喜滋滋的，然后就到了发礼物环节，礼物一般就是从家里找的现成的东西，每个人都不一样，大家都在礼物堆里摸，摸到什么是什么。有一次我打开礼物，哇的一声哭了。人家问你哭啥呢？我抽泣着指着一个姐姐的礼物说："我想要那个雨花石……"姐姐哄着我说："跟你换跟你换！"

童年时一家人聚在一起欢声笑语的画面深深印在我的脑海，那画面真的非常美好，外公带着我们几个小孩唱歌跳舞讲故事，外婆做一桌好菜，一家子热热闹闹，其乐融融，我觉得那种温馨的氛围胜过任何刻意的教育。外公对我们每个人的影响都颇深，但他从来没有给过我们一定要出人头地、一定要成功的压力，他只是给了我们一个环境，让我们在这环境中浸润。后来，姐妹和弟弟们都或在美术，或在音乐，或在其他领域上有所成就。我一个表姐考上了清华大学，现在是一名出色的建筑设计师；另一个表姐也以湖北状元的成绩考入清华，还因为大提琴特长屡屡上台演出；我的表弟现在在爱沙尼亚国家交响乐团担任圆号的首席演奏员；我也因为擅长讲故事、擅长唱歌走上了少儿主持的舞台。

闭上眼睛，我还想到外公带着我们几个小孩去河边探险、捞鱼捞虾的场景。河边有个破地沟，每次我们都想去一探究竟，父母从来不让去。有一次外公笑着说，今天外公带你们去地沟探险，愿意去的都报名！我们全都报名，高高兴兴地跟着外公，又紧张又兴奋地去探险了……时光荏苒，画面切换，如今我也带着正好去河边捞鱼捞虾，带着正好去小树林、山边探险，外公对我们这一代的影响，如今又由我们传下去……外公又有文化，又开明，他既是我最亲爱的外公，又是我人生的第一位引路人。

我与大师吴冠中

我还有幸遇到另一位人生导师，因为父亲的缘故，我跟他有过很多次接触。

他的举手投足、一言一行，都对我影响至深。

他就是父亲的恩师，著名的美术大师吴冠中老先生。

还记得儿时，家中墙上挂着一张油画，叫作《向日葵》。爸妈对那张画格外珍惜，后来我才知道，那是先生送给父亲的。那是多么宝贵的一张画啊。

父亲与先生的师生情谊始于下放河北李村的那段特殊岁月。他们曾睡在一张炕上，朝夕相处三年多。起初，他们主要参加生产劳动，两年后才允许画画。吴冠中先生每次出去写生都有许多学生跟随，学生们都很崇拜他，连他背着房东的粪筐当画架的样子，学生们都争相模仿，人们戏称这为"粪筐画派"。

父亲非常喜欢吴冠中先生《高粱与棉花》这幅油画。那时，他们每日下地都要路过棉花地头的一片高粱。吴先生从高粱春天破土而出的幼苗、夏天壮实挺拔的身躯、秋天沉甸甸的穗子想到人的生命历程，吴先生说：

"它就是人生的缩影。"

学生从这幅作品中看到的，是"高粱如孔雀开屏般的美丽"。先生想到的则是"烈日照射下画高粱群像时，体味过的凡·高心中燃烧的火焰。"在精神极度受压抑的岁月，他的作品表现的却是对生命的礼赞。

先生常常来我们家做客，每次妈妈都会做饭菜来招待先生，但每次他都摆手说一定要简单，他会点名要小米粥、馒头和烤红薯，只要有这三样东西在，先生都会非常非常开心。

先生在家里吃完饭后，父亲便陪着先生，背着包到黄河流域，到黄土高坡那一带去写生。先生身躯是瘦小的，但精神矍铄，写生后回来，更是增添了黝黑的肤色。两眼放光的先生，总是非常兴高采烈地讲述他们采风时的情景。

后来，我看到了先生的一张油画，恢宏的山脊在他的笔下，成了两只欲将跃起的猛虎。这就是先生在面对黄土高坡创作时产生的灵感。

我们眼中的寻常事物，在先生眼中都有着另一番模样，一如他平静的外表下，是澎湃的内心。

我想，也许正是这种出离了事物表象的态度，让先生对待一切既豁达又严谨。

月亮高

吴冠中

2009.12.2

▲　吴冠中先生给我的签名，我倍加珍惜。

▲　每年都和父母去看望先生。见到过去的老学生，先生总是格外开心。先生和父亲畅谈时，我仅仅是旁听，就觉得获益良多。

还有一次，先生从北京来到太原，先到我家歇脚。父亲拿出他珍藏的一幅旧作让他题字，先生欣然允诺。

上题："见旧作，忆旧情，情真画真赠秦生"。

下题："明日同去雁北吃草，吃草少，奶将变质"。

有了先生的亲笔题字，这件藏品格外弥足珍贵了。"吃草少，奶将变质"，这是先生表述生活与艺术的关系时最通俗易懂的一个比喻。

父亲退休后住北京，又拿出先生的这幅旧作给他看，他说："题字比画还要好"，并重新抄录在笔记本上。

先生晚年时，身体已不便出门，父亲每年都会带我去看望他，他和父亲总是谈笑风生。曾经的艰苦，如今却成了回忆中最闪亮的、最有意义的珍宝。我在一旁静静聆听，虽然从未参与他们的人生，却被他们的笑声感染，让我知道原来艰苦岁月还有着另一种面貌。

晚年时先生会在家画画写字，从容自在，可每次见到学生他都显出孩童般的开心，他珍惜大家来看望他的时间。虽然对我们小辈他知无不言，我们在他面前亦可畅所欲言，但若是带东西来拜访，他便会认真地用责备的语气说：小孩子不许乱花钱。除此之外，他本人也非常节俭，对于物质生活的质量亦无过多要求。

当时，先生身为九十高龄的艺术家，一张画上亿元的身价，却依然活得平凡而踏实，对自己的技艺和艺术表达丝毫不松懈。

先生让我明白，这世上有些美，有些追求，有些精神力量，是超越了物质，甚至能超越时间的。即使生命逝去，这精神却会作为灵魂的光火永远传续下去。

父亲无论在为人还是在艺术上，都深受先生的影响，而我，有幸也得到了先生品质的恩泽。

还记得 2010 年，父亲犹豫是否要筹措一个展览，先生知道后特意驱车来看父亲的画，并给了他很多鼓励，还给展览起名为"古韵新风"。先生推荐父亲在中国美术馆办展，并亲自写序言。不幸的是筹展期间，先生癌症复发，住进了北京医院。画展结束之后，我和父亲带画册去北京医院给先生看，先生看

▲　父亲画展画册封面《虚阁临流》。

▲　父亲作品《雪山》。

着画册封面遗憾地说："封面本应由我选，雪山那张比这个好。"而后先生又询问开幕式时是谁来朗读他写的序，我说是我，先生便开心了，他说："你来读最好。"

然而一个多月后，先生却驾鹤西行，没想到这个序言成了先生的绝笔。

在先生人生最后的光阴，他依然心心念念惦记着父亲的画展，满心所想的还是美的呈现。

先生赠予我他的文集9册，还专门为我签了名。这份殊荣太过珍贵，每每想到先生的地位和艺术造诣，竟然亲自执笔给我这样一个小辈，我都受宠若惊。

人一辈子哪怕和大师有过一次相遇，都足以被灿烂明亮的生命之光撼动，能聆听大师的箴言，受到教诲指点，更是莫大的福分。

然而先生平时是那样平易近人，在他面前，我完全抛开了拘谨与惶恐，感到无比放松。先生的音容笑貌，他看着我们小辈时满足的笑容，让我每每回想起来都感到很幸福。

吴冠中先生写给父亲画展的序言

满街轿车，如成群乌龟，在红灯绿灯间缓缓前行，停停复停停。灰沙扑面中终于到了郊外小镇王秦生家。路被大家抢占，有车的侵略无车者之道，一路吵嚷，见缝插针地拐入了家门。入得院来，豆棚瓜架、藤花、盆栽，猫狗相亲，是自家天地，独立门庭了，虽然庭外嘈杂，嬉笑怒骂只一墙之隔。

多年不见秦生的作品，我是专程赶来探看其秘密工作的。他的厅里布满了巨幅油画，画面大都幽暗，没有灯红酒绿，没有欢笑歌舞，没有鲜亮的色闪光的物。我进入了穆静世界，数百年前未经污染的山水民居，宁静的主人或独坐，或对弈，似有闲敲棋子落灯花的闲适。

貌似传统山水，但王秦生并非沿传统山水画的曲径小道而入。沉香劈山救母，三圣母直面了人生，或者今人坐直升飞机直降于数百年前的太平盛世，逃出了当今这个纷乱嘈杂、伪劣假冒、纵横捭阖的丑陋人世。

王秦生钻进过学院式、传统式绘画技法，而且功力不浅，他以这些程式手法表现现代生活题材的创作，也获奖。他到西方世界观察现代和古代艺术，有所悟，大悟，感到自己走了长长的弯路，拾人牙慧。艺术必须探寻自己的真情实感，艺术何在？他沉默了，沉默了多年，他少发言，只思索。

我主动要求去道路难走的他家看新作。意外，他全无拳打脚踢的媚人姿态，他沉醉于艺术之纯净，人性之真伪，深感自我发展的艰辛。他与八大、龚贤等人对话，谈人生体悟，谈绘画之效应，他用今日造型的新观念，发展他们的所思所求，用钢筋替代木结构，用概括替代铺陈，重视整体形态的动与静及新颖势态的营造，扬弃重复与累赘。

《雪原》《云山》《晨寂》《泰山之松》……大自然之貌，在作者眼中，是画是诗，寄寓着腾飞与超越，于是表现手法千变万化。

愿人们潜入生命底层，随着久远时代的变迁，体验生之无限！

王泰生寂寞地在生活中品尝古今，将古代纯朴的人生之美化成今日之宽宏与壮丽，这是他独辟蹊径的艺术创新之路！

吴冠中

暑假的音乐启蒙老师

高三那年，我觉得学业压力比较大，爸爸的好友，毕业于中央音乐学院歌剧系的张效中老师说：

"来我这儿唱唱歌吧，换换脑子。"

张老师原本带着一批正式跟他学唱歌的学员，都是怀着歌唱梦想，想从事相关专业的年轻人。我来了后就混在其中，"啊啊啊啦啦啦"地唱着，一点也不觉得自己没学过，不专业。

我才去了两节课，我爸就接到一个电话，张老师说："你家王昊将来可以搞声乐专业。这孩子是个好苗子，我教的学生半年一年的都找不到真假声的位置，她第二节课就找到了，而且居然能唱到 High C！就让她跟我学吧，这孩子在声乐上大有可为！"

我爸不太相信，张老师反复说真的不是客气，这孩子真应该学声乐。张老师对我真是寄予厚望啊，他第二节课就让我唱《长城谣》，第三节课我就唱起《我爱你，中国》了。但我还是三天打鱼两天晒网地去上课，都没给过学费。张老师还总叫我去，上课时，经常特别认真地跟我说："注意！注意，找！找丹田的位置！"每次上完课我都觉得特别纾解压力，经常开玩笑地跟张老师说："最近考试压力又有点大，再到您那儿吼两嗓子！"

后来张老师听说我准备考北京广播学院，也很高兴，说："主持也是用声音的，不错！"

后来，我当上月亮姐姐，主持《七巧板》时，每天都会做一个手工，唱一首歌。有许多儿歌都是我自己写的，足足写了几百首，我也不知道自己哪儿来这么多创作冲动。适逢全国少儿歌曲电视大奖赛，我匿名参加，竟有三首歌入围前十名，最终评委知道作者是我，跟我说："月亮，得去掉两首，不然人家觉得好像咱们有内幕似的！"

最终，我创作的《我是一只》获得了首届全国少儿歌曲电视大奖赛的金奖。

不为了得奖，只为了喜欢而写、而唱，反而得了奖；不为了荣誉成就而学的东西，最终成了能长期陪伴自己的兴趣爱好。这是唱歌这件事让我领悟的，也是张老师的耐心教导给我的启发。

我成了"故事大王"

托儿所时代，我就"声名远扬"。

那时我特别喜欢给大家表演节目，每天下午家长们来接孩子时都围着不走，我正在人群中心又唱又跳呢，一会儿跳印度舞，一会儿讲故事，一会儿跟人握手学歌星。人家都觉得这小孩真逗，一点也不怯场，我也属于人来疯，围观的人越多发挥越自然。

七岁那年，我自己报名参加了"故事大王比赛"，爸妈都不知道。现场，偌大的舞台下，坐着好几排评委老师，一屋子观众，衬托着我个头那么小。我是参加比赛年纪最小的一个，就那么坦坦然地上台了。我也没怎么准备，即兴发挥，讲的是表姐给我讲过的一个老妖婆的故事，一人分饰几角，凭借印象东拼西凑地把故事讲完了。我的语气和肢体语言比较生动，加上年纪小，学老妖婆时有种反差的喜感，台下接连发出大笑。

就这样，全市的"故事大王"称号颁给了我，我还得到了一面小锦旗。

别的小孩家长都在台下招手，有的家长还拿着照相机，喊着孩子的名字，随后啪啪一通拍照。就我一个人上去又下来，溜溜达达，像走了个过场，把锦旗拿回家，和家人说一声："这回得了个故事大王的奖。"

爸妈很不以为然地"哦"一下，下次没得奖，他们还是"哦"一下。

爸妈就是这样，他们对我课外取得了什么成绩几乎不关心，倒也不阻止我参赛。他们不觉得第一名有什么了不起，一定是比赛很容易，我碰巧才拿了奖。

我还得了很多奖品，奖品通常是文具，光铅笔盒就好几个。那些年我几乎没让家里掏钱买过文具，但这些对爸妈来说，依然不是什么值得一提的事。

妈妈觉得，只有主课学习才是重要的，其他事只能是锦上添花，影响学习绝对不行。爸爸常年沉浸在自己绘画的世界里，原本对我的事就是迷迷糊糊的。

所以我一直都是自己报名，自己去参赛。

直到我十一岁那年要去电视台参加比赛，太远了，我一个人去不了，我爸才勉为其难地踩着自行车送我到山西太原电视台。

比赛有两场，上午是声乐比赛，晚上是故事大王比赛。参加声乐比赛时，我也没老师辅导，连钢琴伴奏都没有，就上去干唱。

我爸好不容易来一次，见这情景有点奇怪。忽然，当评委的叔叔阿姨认出了他，他们都是父亲山西文联的同事。

"这不王老师吗？您怎么来啦？"

我爸说："台上那个是我闺女，但是好像没有钢琴伴奏，能不能给她找个伴奏啊。"

一个给别人伴奏的叔叔这才顺便给我伴奏了。

前奏一响，我就觉得不妙了。我从来没和钢琴合过音，根本不知道在哪儿起调！钢琴都弹到副歌部分了，我才勉勉强强地开口。

唱着唱着，哇地哭了，边哭边唱，一把鼻涕一把泪，吸溜吸溜，脸拧巴着。

我唱的是《歌声与微笑》，唱"明天明天的微笑"时，我正

十一岁时的我。

在挥泪，一点也笑不出来，台下的评委倒都笑了，可能他们觉得这小孩挺逗，边哭还能边唱高音。

钢琴停了，我特委屈地边抽抽儿边说："我……我没跟过钢琴伴奏……我不知道从哪儿开始唱……"

评委笑着让弹钢琴的叔叔再来一遍，告诉我从哪里开始唱，问我行了吗？我说行了。又唱了一次。最后得了个三等奖。

奖品是个小小的毛绒玩具，我抱在怀里很满足。我特别喜欢毛绒玩具，爸妈平时都不给买。不过这满足感只持续了一会儿，突然，我的视线被两个很大的毛绒玩具熊勾住了，一蓝一红，听说那是晚上故事大王一等奖的奖品，给我馋得呀，我跟爸妈说，我晚上要得那个大的熊！

我妈不信，说你能得个比手里这个大一点的就很不错啦。

我暗下决心，打定了主意，死死地盯着那个大熊，心想我要红色的，势在必得！

晚上，故事讲完了，分数很高，那时我脑海中已经浮现出大熊向我走来的画面。我心中默念，要红的，要红的……后来我真的是第一名，真的给了我红的。我的眼泪都流出来了，抱着那只红红的大熊，满心幸福，什么第一第二的，都不在乎了。我那点小心思呀，大人一眼就能看穿，估计爸妈也觉得我挺好笑吧，他们还是怕我骄傲，直说这次实力强的都没来，所以我就捡便宜了。

高二那年，中央电视台有一个叫"第二起跑线"的节目，有一期要到山西做。我们学校被选中参加，我被安排进行一场朗诵。现场有个老师对我说："你朗诵得不错，可以考虑考广播学院。"就这样一句话，我动心了，从此有了考广播学院的念头。

那一年，还有一场全国普通话大赛。我本来要参加，但我妈就是不让我报名。她觉得这场比赛竞争很激烈，我肯定不行，不要浪费学习时间。就在那一年，刚强参加了，得了第一，后来北京广播学院在山西招生，第一个就录取了刚强。

转年夏天，高考终于结束了，新一届全国普通话大赛开幕，我妈这回不拦着我参加了。我自己花了 10 块钱报名费，一路过关斩将，顺利进入了决赛。回到家，对爸妈说："爸妈，我进决赛了。"

我妈不以为然，笑着说："哎，你最后要是能得个三等奖就不错啦。"

我爸倒是更看好我些，说："咱们闺女应该能得二等奖吧！"

他们谁都不敢想，我最后能得第一名。起初我妈还有点不同意我去参加决赛，觉得去了也是白去。但我还是坚持去了，当时并未想过，那次参赛实质上改变了我往后人生的命运。

那年夏天，我还是自己骑自行车到电视台，一个人参赛的。

我还记得，决赛、颁奖都在一天进行，比完了，人山人海的大礼堂里，我焦急地等着自己的成绩。一个主持人走过来，笑着说：

"小王昊啊，准备准备，回头和我们一起去北京吧！"

我的心一紧，比赛的第一名能代表山西省去北京参加全国大赛，这是不是意味着……但最终的结果还没宣布呢，我不敢马上下结论。

"您什么意思呀？"我试探性地问。

"哎，一会儿呀，就得恭喜你啦！"主持人笑笑，看向舞台，他的回答虽然有点隐晦，但他的表情已经透露了答案啊！

我的眼眶当时就湿润了，按捺不住的激动啊！这可是全省的大赛，那么多人参加，而我，竟然真的得第一了！我逃到厕所，尽情地哭了一会儿，又好好洗了洗脸，没事儿人一样坐回座位。

颁奖了，第一名的奖品除了一个大奖杯，还有一个家用喷泉，两个都沉甸甸的。我把奖杯挂左车把，喷泉挂右车把，歪歪扭扭、费劲巴拉地总算把车骑回家了。一进门，爸妈惊呆了。

"哎呀，咱们闺女真得大奖啦！"

我把奖杯往桌上一摆，喷泉插上电打开，只见泉水哗啦哗啦地流淌起来。我自豪地宣布："爸妈，我是第一名！"

奖杯和喷泉也欣赏得差不多了，我定了定神，说："妈，去年的第一是刚强，他已经被北京广播学院录取了，您要是去年就让我参赛，估计我也能录取了！"

我爸妈一打听,当年北京广播学院在山西的录取工作已经结束了,全山西省就招了刚强一人。这着实给了爸妈不小的打击。我记得那几天爸爸的头发突然白了一大片,竟一下子看上去老了许多。

其实,我那年的分数还可以报考山西财经大学和天津南开大学,可我就固执上了,声称自己哪儿也不去,就要复读一年。第二年还报广院,考上了我还不去,去外语学院!我宣布自己要开始努力学外语了!当然,那都是自尊心作祟。

我妈给我报复读补习班时,老师惊讶地问:"您家孩子考分挺好的呀,怎么还要复读?"

我妈有点心虚地说:"我家孩子就是要复读……"

爸妈像两个做错事的小孩一样,认真地对我说:"闺女啊,这次高考不是你没考好,是爸妈没考好。"

我心里突然有点酸了,他们从来没这样过。他们真的后悔了,非常自责。他们之前不是故意要打压我,也不是故意不相信我能得第一,尤其是我妈,她是真的不敢相信。她一直是那么要强,但命运总是和她开玩笑,她一次次和机会失之交臂,总是觉得必须付出 120 分,才能有 20 分收获。

我爸的心本来倒是很宽的,他只是没在意。毕竟那场全山西省的普通话大赛有那么多人报名,光我同学就好几个,他真的没想到我能脱颖而出。

可我确实拿了第一,他们终于信了,但事情已经无可挽回。他们很难受,觉得耽误了我。所以他们由着我放弃了几所好大学,由着我报了补习班,由着我复读。

那年夏天我第一次品尝到人生的错综、无奈,但最触痛我的心的是爸爸骤然生出的白发,我心中对爸妈不够相信我是有点怨的,这种怨郁结在心底,不敢吐露,慢慢发酵。可是那年夏天爸妈也深刻地知道他们小看我了,他们判断错了,看着他们拼命想要弥补但又无能为力的样子,刚刚满 18 岁的我,明白了什么是真正的遗憾。遗憾不在于我与广播学院失之交臂,遗憾在于当命运交错后,爱我的人还在拼尽全力想要弥补。爸妈一夜之间老了,而我也突然觉得

▲　少女时期简单快乐，倏忽而过。

自己长大了不少。

　　然而命运时而令人无奈，转角处也会突然迎来惊喜。谁也没想到，我正准备上补习班呢，家里突然来了个电话。

　　电话那头是一个陌生叔叔的声音，他说："你好，是王昊家吗？我是北京广播学院的。你是王昊吗？有个好消息要通知，你能叫你爸爸来接电话吗？"

　　我爸正好在家，我赶紧把他叫来接电话。我当时的感觉就和全国普通话大赛时主持人暗示我可能是第一名时差不多，就那么几分钟的工夫，我焦急地等着，心中已经有几分猜测，甚至已经有八九分的把握了。

　　"广播学院的老师说，今年招生，山西的名额从一个变成两个了，王昊，你已经被北京广播学院录取了！"爸爸激动的对我说。

　　这简直是天大的惊喜，我立刻就不端着了，什么外语学院早就抛到了脑后。

　　我可以去北京了！

　　雀跃之余赶紧给刚强家打电话，询问广播学院报到流程，皆大欢喜。

　　和我对正好以鼓励为主的教育不同，我父母很少给我鼓励，还会不自觉地流露出对我能力的怀疑。也许你会问，这样我会不会有心理阴影？从结果上看，我还真的没有特别在意，反而，或许因为有他们一直提醒着我，我对自己才有了一个更清醒的认识，没有被太多荣誉冲昏头脑。爸妈的价值观很正，他们自身严于律己，也经常帮助别人，这些都给了我积极影响。

　　也许你会疑惑，你不是提倡孩子要鼓励吗？为什么到自己这里又变了呢？

　　我觉得孩子和孩子是不一样的，我有着天生乐观自信的性格，因此在教育上，或许真的需要一些收敛。我觉得教育最终是一种平衡，有的孩子已经有点膨胀了，就确实不适合再鼓励了，有的孩子天性敏感内敛，就需要多鼓励，多肯定。教育并没有绝对正确的法则，只有对不同的孩子采取不同教育方式的"因材施教"。更重要的是，抛开一切具体做法，父母需要让孩子感受到，他是被爱的，父母从内心深处是一直支持着他的。

"月亮姐姐" 出道

1998 年，我还在上大三，央视少儿节目要招一名主持人。在当年毕业生里没寻到合适的，学校说低年级有个很擅长讲故事的小姑娘，你们要不要试试她？

闺蜜帮我化的妆，衣服也是从室友那里借来的，自以为捯饬得不错，其实当时的形象在现在看来挺土的。就那么初生牛犊不怕虎地上了，也不紧张不怯场。我表演的是小时候参加全国故事大王比赛得奖时讲的故事——《猴王吃西瓜》。这个故事里角色很多，有小猴老猴、胖猴瘦猴、猴大王、猴随从……每只猴声音不一样，动作神态不一样，我飞快地在各种猴的角色间切换，声音一会儿尖细一会儿粗重，动作也一会儿轻灵一会儿迟钝，表情也特夸张。

这是我大学的宿舍，427 房间。当时要去给考官讲故事了，我特意准备了一些道具，腰上还别了个 BP 机。

一九九九年，我的新闻播音定妆照。

考官听了后很满意，当场敲定：就她了！

90 年代播音专业的出路以新闻播音为主，我的专业成绩在班上名列前茅。一年后我快毕业时，有好多家地方电视台都愿意录用我做新闻播音。

现在翻出当年的照片，颇为感慨，当年的我看起来比三十多岁的我还成熟。那时流行化浓重的妆，突出唇线，粉底也很厚，再加上那发型，让人看起来一下长了十岁。

当时青少节目中心主任叫余培侠，正是他亲自面试的我，力主让我留在央视。我还记得，他笑眯眯地，用一口"南方普通话"问我："你为什么想主持少儿节目呢？"

我特别自信地回答："因为我能写会画，多才多艺啊，我还会讲故事，还喜欢小孩！"

估计余主任看这小姑娘真是初生牛犊不怕虎，心中暗笑呢。他和蔼可亲地对我说："那就让你试试吧。"

就是这样一句话，开启了我在央视二十余年的职业生涯。

我当时还不知，余主任对中国少儿电视、动画影响颇深，他是《七巧板》《大风车》《芝麻开门》等一系列少儿节目的总策划，他还出品了《西游记》《蓝皮鼠和大脸猫》《大头儿子和小头爸爸》等这些优秀国产动画。2003 年，在他的带领下，央视创办了少儿频道。

余主任是我人生中重要的伯乐，我至今都深深感谢他。

刚进台的情景还历历在目，节目组要给我起个新名字，因为我的大名"王昊"和"董浩"在读音上重复了，而且根据儿童心理学，我最好起个更女性化的名字，孩子们容易接受。于是起名大会开始了，大家集思广益，各抒己见，什么"聪聪""明明""团团""圆圆"都有人提，我坐在那儿想：这怎么像给大熊猫起名呢？

和我一起搭档出场的角色叫"星星熊"，是个大男孩，他穿着熊宝宝的布偶服上台，星星熊肚子上有颗星星，因此得名。突然有人想到，星星和月亮是一起出来的，既然他俩是搭档，不如就叫"月亮"吧！制片人邬纯芳立即拍板，大家一致好评。于是，从那天起，我就叫"月亮姐姐"了。

▲ 上图：我右侧的黄色布偶就是星星熊。
下图：星星熊脱了布偶服，变成了波波球。

结果，"星星熊"和我搭档没多久，就向台里请辞。因为那个布偶服太闷热了，夏天录节目实在难熬。台里说这好办，让"星星熊"下，换"波波球"上。"波波球"不用穿人偶服。

"波波球"又坚持了一段时间，这个男孩还是离开了央视，去做配音演员了。

央视是当时很多人都向往的单位，我和亲戚朋友一提自己在央视工作，腰杆都直了直。但光鲜背后，任何工作都有艰辛。每个人都有最适合自己的一条路吧，我选择"月亮姐姐"这条路的根本原因是我热爱它。其实我很早就对各大电视台的少儿节目特别关注了，面试时，每家电视台都有哪些少儿节目，几点播出，有什么栏目，我都能如数家珍地说出来。

我就这样开始了我的职业生涯，彼时从未想过，我会就这样在一个岗位上工作二十余年，"月亮姐姐"这个称呼甚至取代了我的大名王昊，日后无论是

同事还是好友，都开始叫我"月亮"。

最初叫这个名字只是偶然，但经年累月，这个名字慢慢融入我的生命，每当别人唤我时，都像是给我某种暗示。渐渐地，我发现"月亮"真的有一些我向往的特质，蕴含着我的人生观、价值观：

月亮自身不会发光，只是折射太阳的光辉，她可能无法像太阳那样给生命带来真正的热力，但她可以在黑夜照亮夜行人的路，在人孤单寂寞的时候，用她淡淡柔和的光辉，带给人内心一点希望。

月亮本身也是被照亮的，她传递着那份光亮，自身也因为这份光亮的传递被人看见，找到了存在的价值。她接受着，包容着，不去力求改变这个世界。她并不完美，也有着阴晴圆缺……

如果有一天，正好问我为什么要叫月亮姐姐，或许我会告诉他：月亮就像我们的人生，月有阴晴圆缺，我们的人生也会起起伏伏。当我圆的时候，那是我在哈哈笑；当我弯的时候，那是我在微笑；当我朦胧的时候，那是我在思考；当你偶尔看不见我的时候，也许我也有烦恼。

点亮孩子心中的梦

我现在还记得，刚刚成为月亮姐姐那会儿，节目设置的特效是我坐在月亮上，手里拿根小魔法棒，一挥，就能变出孩子们想要的东西。于是很多孩子深深相信，我白天在地球上主持节目，晚上就会到月亮上去。

"月亮姐姐，你的妈妈是不是一个更大更圆的月亮呀？"

"月亮姐姐，我昨天晚上在月亮上看见你了，看见你的影子了！你就是那个嫦娥变的！"

"不！月亮姐姐是小玉兔变的！"

还有好多小男孩说要和我结婚。我还记得，一个6岁的小男孩特别认真地对我说："月亮姐姐，我将来是要和你结婚的。"

我笑着说："等你要结婚的时候啊，我都成老太婆啦！"

小男孩想了想，灵机一动，还是非常认真地说："那我就把你冰冻起来。"

我被孩子天真的话语深深触动了，最初"月亮姐姐"对我来说只是一份工作而已，但平台赋予它一种魔力，让"月亮姐姐"能轻易地影响孩子的心。因为这份影响力，孩子对我有一种信任，家长对我也有很多期盼。

这些年，有不少家长会给节目组打电话，希望我能在电视上对他们的孩子说两句，比如长时间看电视伤眼睛；要按时、专心完成作业；上课要认真听讲，

▲　月亮本不会发光，她折射的是太多人给她的信任和爱。
就算月光微弱，她也想尽自己所能，照亮孩子的心房。

不要挑食；要认真刷牙等等，不久后，家长都会高兴地再打电话来反馈，说月亮姐姐的话真的太管用了，自打孩子听了月亮姐姐的话，就特别自觉！

有的家长甚至搬出我教育孩子,对孩子说"再这样月亮姐姐不喜欢你了啊",孩子竟然号啕大哭。台里同事李佳明就是这样家长的典型,有一次给我打电话,说女儿口算题竟然错了一半之多,让我和她说说。我真不希望他拿我对付女儿,于是接过电话,对孩子说："咱们两个联合起来,你答应我,口算题就做一次,咱们一次做对。我和你爸爸说,如果你一次做对,就绝不让你再做。"孩子说："好！"过了一会儿,李佳明电话过来,说："真神了,女儿口算题一道没错！"我也严肃地说："不要拿我对付孩子,你得给我保证,孩子做对了,就不要让她反反复复再做了。"李佳明笑着说是是。

佳明的女儿学琴,很有天分,但是学琴很辛苦,为了让女儿更好地坚持下去,佳明也经常拜托我鼓励鼓励孩子。这些年孩子在音乐上取得任何成绩,佳明都会第一时间打电话给我报喜。

孩子有进步,很多家长感谢我,但我知道功劳不在我,而在于平台赋予我的影响力,更在于孩子自身。我只是像月亮一样去传递一道光,试着去点亮孩子心中的梦。我去鼓励,去信任,而梦想的实现最终还是要靠孩子自己的努力。

因"月亮姐姐"这个身份,这些年我接触到一些有着特殊经历的孩子,他们的故事深深地刻在我心中,即使过去十余年,也难以淡化消散。我愈发明白,是这些孩子在启发我,是他们让我领悟了更多生命的意义,是他们用自己的努力,为自己的人生创造着奇迹,同时震撼着我,照亮着更多的人生。

爱美的思雨：姐姐，我就想做一个让人变美的工作

2008 年汶川地震后,我结识了一个女孩子。

我的同事黄炜哥哥告诉我,有个女孩叫黄思雨,酷爱舞蹈。但是她在汶川地震中死里逃生,失去了一条腿。她现在正在医院。她说她最大的心愿就是见到你,见月亮姐姐。

我听了后心头一震，感动，又有些心酸。为什么？她刚经历过生死关头，在这样严峻的时刻，最大的愿望竟然是想见我？

不，她想见的是月亮姐姐，那是一种理想，一种向往。身负着孩子这么高的期望，我感到一丝压力，但同时也意识到自己的责任、自己工作的意义。正因在孩子心中，月亮姐姐是那么重要，我才一定要实现黄思雨的愿望。

很快，我就联系上了黄思雨的家人。我买了一条漂亮的小裙子，准备了手链、项链、发卡……

我去医院前，就有人提醒我，见到思雨时你不能哭，要开开心心的，思雨是个特别勇敢的女孩，她经历了很多，但一直很乐观，所以在她面前你一定不要哭。

我做好了心理准备，走进思雨的病房，看见一个特别漂亮的女孩，她一见我就兴奋地喊："月亮姐姐！"

我也展开笑颜，但下一秒，给思雨换药的医生进来了，掀开了被子，我看到思雨被截肢的那条腿，眼泪差点就夺眶而出，我拼命忍住了，告诉自己不行。

思雨戴上了我给的发卡、手链、项链，果然是女孩子，特别爱美，我还听说思雨原本的梦想是做一名舞蹈家。她的身材那么苗条合度，她的腿原本是那么修长，她本来一定可以实现梦想的，命运究竟为什么要这样作弄她呢？

医生让旁人都退出病房，思雨开始上药了。过了一会儿，我听到房间里传来撕心裂肺的喊声，思雨大喊着"姐姐""月亮姐姐"，我的眼泪终于绷不住了，汹涌而出。

上药不能打麻药，消毒药水就那样泼洒在思雨那么大的创面上。我觉得我的心也被撕碎了。

可是过了一会儿，当我洗干净脸，回到思雨的病房时，发现她还是用笑容面对我。那一刻，我差点又忍不住。我不知道为什么，思雨显得比我还坚强。

过了几个月，思雨来到北京，我早就计划好，要带她去游乐场。

过山车呼啸而过，在空中转了个圈，要在平时，我早招呼孩子上去坐一坐，

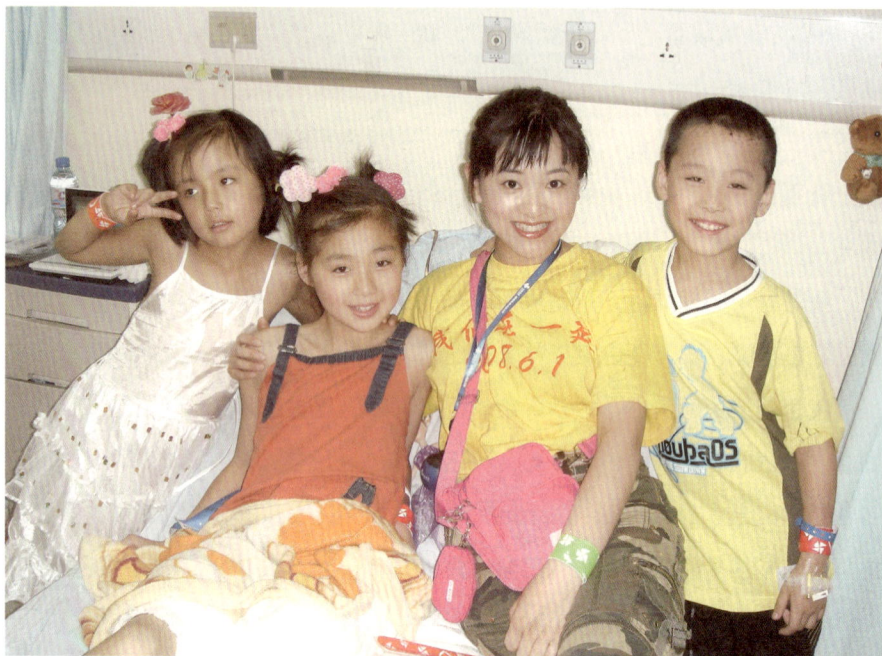

▲　2008 年，我第一次见到思雨（左二），她是那么乐观、坚强。思雨的妹妹（左一）有着超出年龄的胆识和耐力，正因为她，姐姐才能在灾难中坚持下来。

体验一下了，可是思雨能坐过山车吗？她的身体和精神能承受得了这种刺激吗？思雨自己说她想坐，我纠结了很久，最终决定带思雨坐一次。

我请工作人员开了一个通道，推着思雨的轮椅，把她安放在过山车的座位上，我就坐在她的旁边。

过山车缓缓开动，紧接着速度越来越快，在空中飞速翻滚，终于驶回起点，停稳。我全程都看着思雨，她则紧闭双眼。我一直略带紧张地观察着思雨，她一直显得挺高兴，我的心才稍稍放下。

随后我们去吃饭，静坐在餐桌前，良久无言，思雨突然开口："姐姐，刚才在过山车上时，你知道我想到了什么吗？我想到了地震的时候。"

我心下说不好，坐过山车坐坏了，勾起了思雨的创伤记忆。

但是思雨说了下去，她的语气很平静，我却从她轻柔的声音中听到当时山崩地裂的凶险残酷，听到生离死别的惊险痛苦。自我认识思雨，她还从未说过地震相关的事。那天从过山车上下来，不知为何她说了，而且一口气讲了很久很久。

那天，思雨和其他同学正在往楼下冲，楼梯侧面的墙倒了，按照思雨的说法，她觉得自己一脚踩在了墙上，世界突然横过来了。

思雨的一条腿被墙压住，进而堵住了这条下楼通路。

周围都是崩塌声、脚步声、哭喊声，极度混乱，思雨说，有一段时间她已经失去了意识，周围的一切都寂静了，后来她醒了，嘈杂像海啸般冲入她的大脑，她只觉得自己一条腿已经没知觉了，很快她就发现后面的同学被她挡住了，他们都下不去。

当时可能只有几分钟时间，甚至几秒钟，但思雨却觉得过了很久很久。她不知自己是怎样办到的，但她就是硬生生地把自己被压住的那条腿砸断了，她拖着另一条腿，一点一点爬到了操场上。经后来人回忆，一地都是血，但当时大家都顾不上了，只管尖叫，逃命。操场上都是伤员，没人顾得上思雨。最终是思雨一年级的妹妹发现了她。

妹妹守在思雨身边，一连守了三天，期间下了一场大雨，血和雨混和在一起，场面极度惨烈。妹妹一直把手放在姐姐的鼻孔处，时刻盯着姐姐有没有呼吸，姐姐只要一要闭眼睡觉，她就把姐姐拍醒。她特别怕姐姐就那样睡去了，她知道姐姐一睡着可能就醒不过来了。

整整三天，救援队终于赶到，先把伤员都抬到山上，直升机再从山上接人。那时依然没人注意到思雨伤势严重。

直升机下降时，吹起一阵大风，把盖着思雨的单子吹开了，这时救援人员才发现这孩子失去了一条腿！这才紧急抢救。送到医院时，思雨几乎已被宣判了死刑，但最终她活过来了，真的是生命的奇迹！

这些事都是那天思雨告诉我的，虽然我之前就了解大致，但细节经过都是第一次听到。

思雨说完后，长出了一口气，她对我说："姐姐，这些事，自从那天之后，我是第一次说出来。说完后我感觉好多了。"

我也长出了一口气，看来带思雨坐过山车的决定，没有错。

我忘不了思雨对我说的话，她说："姐姐，我这次到北京，又重新做了截肢，可是我特别高兴。"

我的心咯噔一下，想到她之前做过一次截肢，上药的经历，就已经足够痛苦，竟然又经历了第二次。她小小的身体，为何要经受如此摧残？

但思雨接着说："你知道为什么吗？因为之前给我缝的针缝得很乱，这次在北京重新缝了针，缝得特别好看。"

地震急救的关口，保命要紧，还有那么多受伤的人等着救治，针缝得自然有些乱。第一次伤口有一些没处理好，所以需要再截肢，一般人都觉得这是雪上加霜，可才十二岁的思雨，竟然能有这样的想法，我真的非常钦佩。

很多年后的今日，思雨已经出落成一个美丽的大姑娘，她的笑容灿烂明媚，全然看不出常人难以承受的重创曾经砸向她的人生，她没有被压倒，而是以一种惊人的生命力和成人也难以企及的乐观智慧活了下来。

思雨的家人说，思雨突然想学医美，家人觉得这不是稳定的出路，希望我劝劝她。

长大后的思雨，希望从事让人变美的工作。她一直那么漂亮，也一直那么乐观，更有焕发于生命深处的坚强与美。

思雨对我说："姐姐，我就想从事一个让人变得漂亮的职业。"

我想起第一次见到思雨时，她明明已经失去了一条腿，却还欢呼雀跃地接过我送给她的项链、手链，给自己戴上，好像那时她把灾难，把创痛都抛到了脑后，她是在用自己的整个生命拥抱美啊。

想到这儿，我坚定地对思雨说："我支持你！我们就学医美！"

思雨的妹妹后来也成了一名学霸，成绩始终名列前茅。她救了思雨，立了大功，当时她才七岁，却有一种让人难以置信的成熟。

每当想到思雨和她的妹妹，以及那么多在汶川地震中遇难的人，我都会感慨人生无常，也敬叹生命顽强。那么多人，他们曾经都过着平凡幸福的生活，谁也没想到灾难会忽然降临。平时我遇到一些挫折，也会不断问"为什么会发生这种事""为什么会赶上我"，可是思雨却笑着对我说她很感谢自己第二次截肢，因为这次针脚会比较漂亮。我渐渐开始领悟到生命更深的意义，以及为什么会发生那样的灾祸。灾祸是我们难以避免的，尽管如今我们的科技如今已经发展得那么迅猛，尽管人类都能登上月球了，但有些灾难依然能轻易把我们打垮，我们人类面对大自然其实还是很渺小的。但我们同时又打不垮，因为有思雨那样乐观又富有智慧的看待灾难的视角，因为有思雨妹妹在灾难面前的冷静与大爱，这些都是生命最动人，最伟大的一面。

我们不想要灾难，但或许正是灾难激发了人强大的生命力，灾难也让我们珍惜现在的生活。我们安稳太平的生活不是理所当然的。那些在灾难中闪现的人性的高光时刻，对于我们整个人类集体而言，都是一种精神财富。当然，还是希望那些灾难不要发生，只是发生后，我们也可以努力像思雨那样，从另一种视角看待——在废墟中看到希望，在绝望里看到阳光。这当然是很难做到的事，所以思雨真的教会了我很多很多。

厚朴：呼唤生命的希望

有一年，突然有好几个同事给我打电话，他们都说，你快去海军总医院看看，有一个男孩，他叫厚朴，他只有七岁，得了白血病，只有一个月的生命了，他就是很想见你。

我听了后心情很沉重，一方面因为厚朴这么小，却得了这样的绝症；另一方面是，同时有那么多人给我打电话，可见厚朴的家人从多少途径想办法联系过我，可见他们有多么迫切地想实现厚朴的愿望。

我立即去了海军总医院，刚走到住院楼门口，就看到厚朴的家人在门口热情地迎接我，一见我就紧紧地握住我的手，激动地说："月亮姐姐，谢谢你，真的谢谢你能来。"我顿时就忍不住了，眼泪夺眶而出，我明明什么都没有为他们做，对孩子的病，我也无能为力，而他们还一个劲儿地感谢我。我进不了病房了，眼泪止不住地流。我蹲在医院门口哭了好一会儿，直到情绪平复下来，才去看厚朴。

走进房间，我看到一个活泼开朗的小男孩。一时间，我有些恍惚，这个孩子真的得了绝症，只有一个月的生命了吗？他看上去是那么健康，一点也不像有病的样子。

厚朴看到我，双眼闪着光："月亮姐姐，我就知道你一定会来的！"

厚朴的家人和我说，厚朴因为生病不能经常出去玩，所以总是看电视，看得最多的就是我主持的节目。医生已经跟他们交底了，说孩子最多只能活一个月，这一个月里，他喜欢什么就带他做什么吧。问厚朴的愿望，就是见到月亮姐姐，所以他们找了很多人，拼尽全力也想找到我。

当时，厚朴左手输着液，右手拿着画笔，正在给我画画。他把画拿给我看，上面有一个小男孩，旁边是一颗爱心，再旁边是一个小女孩，小女孩的裙子上画了一个月亮。厚朴说，这张画的名字叫《我爱月亮姐姐》。

我想到厚朴这么一个可爱懂事的孩子，一个月后就不存在在这个世上了，我就再也看不见他了，我就又几乎崩溃了，但这次我强忍着情绪，陪着厚朴玩了一下午。

自那之后我心里就放不下厚朴了，我在北京联系了医院，组织了募捐，许多人都支持了厚朴。而后过了三四个月，厚朴的状态越来越好，我隐隐约约觉得可能奇迹真的发生了。

我找到一位专门治疗白血病的专家，这位专家八十多岁了，基本上不出诊了，破例接待了厚朴。那是个冬天，天很冷，厚朴穿着妈妈的羽绒服，袖子有点长，我见到他后开玩笑地说："哎哟，厚朴今天像唱大戏的。"

我深信厚朴已经开始好转了，然而专家看过厚朴的化验单后，叹了口气说："这孩子各项指标都恶化了啊，病情复发了，没办法了。"

我当时没办法相信专家的话，反复确认，但专家很肯定。厚朴的父母知道了，反而没有像我那样崩溃，而是很平静地说他们知道了。厚朴也隐约听到了我们的话，问"奶奶（专家）说我复发了是什么意思？"没人知道如何回答厚朴。

那天告别后不久，厚朴的妈妈给我打电话，说厚朴那天回家后对她说，希望以后见月亮姐姐时穿得好看点，别再穿那件太大的羽绒服了，月亮姐姐说那像唱大戏的。

我听了后脑袋轰的一下，后悔自己说了那样的话。我跑到王府井给厚朴买了一身衣服，包括秋衣、秋裤、袜子、帽子，给厚朴寄过去了。之后的几天我一有时间就去录制送给厚朴的一首歌《Hope My Love》。这首歌的歌词是厚朴的爸爸写的。看到歌词后我特别感动，于是找我的好友璞玉来谱成了曲。

那天我正在录音棚，我的电话一直震，我想赶紧把厚朴的歌录完，就一直没接，一旁的璞玉说："你接一下吧，我看一直都是一个号码。"我这才接起来，是厚朴的妈妈。

我当时就预感不好，电话那头，厚朴妈妈说厚朴就在刚刚走了。

我的头顿时就像炸了一样，虽然有心理准备，但当时还是像五雷轰顶。

厚朴的妈妈说孩子刚走，还没走远，我还可以再和厚朴说两句话。我搜肠刮肚地把最想和厚朴说的话挖出来，但当时我就说了一些非常官方的话，诸如"厚朴我爱你""厚朴你真的很勇敢"，我的大脑几乎一片空白，很多话像堵在心口，就是说不出来。

厚朴妈妈说厚朴最后穿着我给他的全套衣服，我给他的玩具也都带着。

让我从始至终都很吃惊的是，厚朴的爸爸妈妈从来没有表现出一次崩溃绝望，我问过他们，他们即使在家里也没有哭过。他们说，他们带厚朴治了两年，当他们得知孩子的病确实没有希望后，就做好了心理准备，下定了决心，绝不会为这件事哭一次，要平静地陪孩子走完最后的时光。我没办法想象他们的心境，我不知道他们是不是表面上坚强内心在滴血，但至少我从表面上看，他们一直表现得很平静，我觉得那是一种异常强大的力量。

厚朴走了后我很久很久没有再敢接触得白血病的孩子，尽管这件事到今天已经过去十余年了，可我还是一想到就会流泪。

厚朴的父母说奇迹已经发生了，厚朴本来只有一个月的生命了，结果他的生命又延续了半年，他们已经很知足了。本来这孩子根本吃不下饭的，见过我之后，他很努力地往嘴里送饭菜，很努力地想要活下去，真的把整整一碗饭、满盘菜都吃了。他们说真的很感谢我能见厚朴。但我觉得奇迹的发生，就是因为厚朴自己的努力，是厚朴自己想要活下去，所以他的生命又顽强地坚持了半年之久。

我每每想到厚朴面对病痛时的纯粹、天真和勇敢，思雨面对巨大创伤时的乐观、智慧和顽强，我都觉得自己的心中涌起一股力量。虽然见月亮姐姐是他们的愿望，但其实我才是被他们照亮的人。这些年经历的很多很多慢慢在我心中汇聚成一条河，一个具象的想法流淌而生：许多人都在做物质慈善，给孩子建教学楼、提供学习用品、改善孩子们的学习环境，这些都很好。而我觉得，精神慈善也很重要。所以，我想做一部儿童剧，给许许多多像厚朴，像思雨这样生命遭遇挫折，却依然阳光、勇敢的孩子。我想告诉他们，每个人都能通过自己的努力实现梦想，爱能够让梦想成真。

▲ 2016 年，《飞》。

《月亮姐姐和嘟噜嘀嘟农场》

月亮姐姐住在月球上，手执一支魔法棒"小彩虹"，月亮姐姐挥一挥小彩虹，就能点亮地球上小朋友们的梦想。

地球上有个地方叫"嘟噜嘀嘟"农场，月亮姐姐每天点亮农场里小动物的梦想后，第二天光又会熄灭，月亮姐姐想知道嘟噜嘀嘟农场到底发生了什么，于是来到地球……

到了农场，月亮姐姐才发现，农场里住着一群空想家！这里的每个小动物都有很大很大的梦想，但大家许愿后从来不为梦想努力，只想等着别人帮自己实现梦想。

只有一只小老鼠，她的梦想很小很小，每天只要一片叶子，农场其他动物都嘲笑她，说她根本就没有梦想。但其实，小老鼠是想用小树叶搭一座小房子，她一天一天努力，小房子快要搭好了。

月亮的背面住着暗夜精灵，他不想让月亮姐姐点亮小朋友的梦想，于是来到地球，乔装成小动物，骗过月亮姐姐，夺走了小彩虹。

关键时刻，为了接住即将掉落悬崖的小彩虹，小老鼠飞扑出去，把小彩虹扔了回来，自己掉落悬崖……

暗夜精灵被制服了，月亮姐姐问他为什么要这样做。暗夜精灵却悲愤地说：

"为什么？是因为你啊，月亮姐姐！"

月亮的背面又阴又冷，从来没有太阳爷爷的温暖，月亮姐姐每天只顾点亮地球上小朋友的梦想，从来没注意月球背面还有一个孤独的暗夜精灵。因为暗夜精灵的梦想从来没有被点亮，所以他也不想让月亮姐姐点亮别人的梦想。

"那，我现在就来点亮你的梦想！"月亮姐姐说。

"可是，我已经变成一个没有梦想的人了！"暗夜精灵号啕大哭。

最终，月亮姐姐终于明白，暗夜精灵不是绝对的坏人，他抢夺别人的梦想，只因自己没有梦想，他不愿意别人被光温暖，只因自己一直生活在阴冷黑暗的地方。月亮姐姐决定把自己的梦想给暗夜精灵。

暗夜精灵这下有了梦想，他的梦想是让小老鼠活过来……

嘟噜嘀嘟农场的疑问终于解决了，月亮姐姐要回到月球了，临走前，她问农场上的小动物："梦想的实现要靠什么呢？"

"要靠自己努力！"所有小动物回答。

"今后，我还会在月球上，点亮大家的梦想！"月亮姐姐点点头，满意地回到了月球。

我当月亮姐姐的这些年，这个故事一直在我心中萌芽、酝酿。思雨的故事，厚朴的故事，以及许许多多我因工作而接触的孩子的点点滴滴，让我慢慢地觉察到自己工作的意义、肩上的责任。每一个孩子心中都蕴藏着强大的力量，甚至可以创造生命的奇迹，而我借着孩子们对我的信任，可以给孩子鼓舞，可以点亮孩子心中的梦想。

在著名儿童文学作家郑渊洁的帮助下，《月亮姐姐和嘟噜嘀嘟农场》音乐剧剧本成型，2009 年在北京保利剧院首演，后来又在国家大剧院、中国儿童艺术剧院、北京展览馆剧场等地演出。这部剧云集了各方力量，总导演是中国儿艺顶尖导演焦刚，音乐总监是著名音乐家滕矢初，艺术顾问是当时中国儿艺

▲ 《月亮姐姐和嘟噜嘀嘟农场》剧照。

▲　这个小女孩叫白玛央金，来自西藏。她是先天性心脏病患儿，国家免费给她做了手术。小白玛央金非常喜欢唱《七色光之歌》，这首歌的词作者李幼容老师跟我一起去医院看望她。我和她约定，等她病好了，一定让她登上国家大剧院的舞台。后来我兑现了我的承诺。

▲　我曾答应思雨，让她走上北京保利剧院的舞台，我们一起在月亮上感受实现梦想的美好。

的院长周予媛，舞台设计是奥运会闭幕式舞美设计室主任苗培如。这部剧的副导演兼编剧，北京儿艺的导演王泽和作曲张小柯后来都成了儿童剧领域的重量级人物。我的好友们，董浩叔叔、哆来咪哥哥、金豆哥哥、尼格买提、任鲁豫等也在剧中客串。还有许多台前幕后的人，倾注巨大的心血，共同打造了这部剧。

这部剧寄托着我对孩子的祝愿，是我这些年对于工作、生活感悟的总和，我希望我能尽自己的微薄之力，给更多像思雨、厚朴那样的孩子哪怕一点点支持。

国家大剧院的演出门票全免，还是头一遭。来剧院看演出的孩子，有外来务工人员子女、农民工子弟学校的学生，有玉树、汶川孤儿，有福利院、太阳村儿童，有先天性心脏病儿童、自闭症儿童等等。那些修建国家大剧院的工人的孩子，他们的父母为了剧院付出了多少时间，多少汗水，但他们可能这辈子都没法踏入剧院看一场戏，我的梦想就是能让这些孩子和他们的爸爸妈妈来到大剧院，我想为他们而演……

有一件有意思的事，每次演出时都会上演。剧中的反面人物有一幕戏是要穿过观众席的，这成了演员们最大的考验。每回演出结束，他们就和我大吐苦水：

"月亮姐姐，求你了，别再给小朋友发水瓶了，可打死我们了！"

原来是小观众们太入戏了，看见"坏人"就围追堵截，每次演员都惨遭"痛打"。

这部剧排练期间就多次邀请小朋友试看，我们会仔细观察孩子们的反应，看孩子们是否会觉得有趣，是否能看懂，然后，我们会根据小朋友们的反馈修改剧本。几经排练，终于上演。

"梦想的实现要靠自己努力！"每一场，孩子们都充满决心、激动地喊出这个故事的主旨，我知道孩子们已经看懂了，心满意足。

有一场演出，厚朴的爷爷来了，落幕后，老人到后台来找我，只叫了我一声，小心翼翼地不敢上前，只说："你忙，你忙。"

我赶紧走过去，询问厚朴爷爷的近况。老人的眼泪一下就流出来了，他说非常想念厚朴。而后他说厚朴也来看演出了，我一惊。

老人掏出一张厚朴的照片，照片上的他和我记忆中一样，天真烂漫，我也忍不住落泪了。老人说他是一直把厚朴的照片放在胸口看完整场演出的。

有些话我没有说出口，这部剧的诞生和厚朴关联至深，厚朴给了我很大的启发，我多希望厚朴真的能来看这部剧。这些话犹豫再三，终究没有说，现在我将它们写下来。我觉得厚朴是看到了的，我相信……

人生有很多挫折烦恼，因于个人得失中，常常很难解脱。换一种视角，当我从利己变成利他，从紧盯着自己的心念到关注他人的愿望，我觉得我的心一下子开阔了。我觉得能帮助别人其实是一种幸运，也是我的工作、月亮姐姐这个身份赋予我的机会，我见到了很多对我生命有启发的人，他们一次次地提醒着我人生还有另一种经历的方式、观看的视角，这让我从自己的小世界里走出来，拥抱更丰富的天地，也让我那些琐碎烦恼变得不值一提，随风而逝。

重返职场，拥抱变化

还记得 2010 年，我 30 岁出头，我的工作迎来了重大挑战，我通过竞聘成为《音乐快递》栏目的制片人。那时的我满心激动，在工作中投入了非常大的热情。

转眼到 2016 年，我发现自己怀孕了，当时毅然做出回家安胎的决定，很多人惊叹于我的大胆。我直到 2018 年才重回职场。

两年，不短了，足矣让许多事物更新迭代。

其实我在家期间，停掉了四档主持的节目，但是身为制片人的一些幕后工作，都还一直持续。甚至还出现过同事们去月子中心看我，带着工作，当场干活儿的情况。

当时我和台里领导沟通，得到了领导的理解，我非常感谢。通过协调，在当妈妈的同时也没有完全放下工作，这对我重回职场、顺利适应有很大帮助。

重回职场时，真正让我觉得有挑战的，是再次站在舞台上担当主持人。主持本身并不在话下，自己成了妈妈后，我面对孩子时其实更有信心和底气了。只是两年了，时下的流行是什么？孩子们现在喜欢什么？这成了我必须要学习的。

还记得，2016 年，最流行的歌曲还是《小苹果》，而 2018 年，大家都开始跳起"海草舞"，再后来，流行歌曲变成《学猫叫》，新事物层出不穷，应

▲　重返职场，一面对孩子们，我就放松了。

接不暇。而《音乐快递》这档节目正需要我紧跟流行。

作为一名电视媒体人，我担心自己落伍。

幸好，我还有学习的意愿和能力。

这两年，短视频平台崛起，我得知孩子们会在这些新媒体上获取信息。但起初，我心里有抵触，不理解孩子们为什么喜欢看这些。在没有了解的情况下，我觉得这些平台有点闹、有点浮躁，感觉不会有太多有价值的内容。

一次，春妮让我去她的节目里当嘉宾。编导让我们现场拿出手机拍摄一段15秒的短视频，内容是唱《学猫叫》。我那时才下载了APP，录了第一条短视频。

拍完几天后，我不经意一看，惊讶地发现前两天的短视频的浏览量已经达到300多万了！如此高的流量，冲击着我的认知，这样一条小小的视频，竟然以这样的速度传播开来，我所熟悉的"媒体"，已经发生了翻天覆地的变化！

我这才开始浏览短视频平台，发现孩子间流行的歌曲、好玩的段子都发酵于此。我也找到了自己想看的东西——许多"儿童辅食""小儿推拿"的视频都对我帮助很大。我还发现，大数据精准地捕捉着我的喜好，总是给我推荐想看的内容。这不得不让我对现在的信息传播方式深入思考。

这自然早已不是一个大家都守着电视这一方屏幕的时代，大家甚至也不像过去那样追剧、看长视频。无数窗口、无数短小精湛的内容吸引着人们的注意力。

电视台想要在这样的竞争环境中生存下来，必须有所革新。

总台也推出了"央视频"平台，在网上同步直播电视节目，也鼓励主持人大胆尝试新媒体，用全新的语态与观众进行互动。

于是，摆在我面前的不仅仅是适应职场这一个挑战，还有拥抱新媒体这一更大的主题。有一点好处，这让我觉得不仅仅是我一个人要勇敢地面对变化，要努力学习，要不断前进，大家也都有事儿要做。

决心容易下，挫折却难免。我还记得过去自己主持，即使也会面对网友，但得到的反馈几乎都是正面的。可在短视频平台，情况就不一样了。有一回，我录了一段小视频，自以为很新颖，上传后却看到网友善意的提醒："月亮姐

▲　我和团队小伙伴与时俱进，拥抱新媒体，充分了解孩子们的喜好。

姐啊，你根本不懂年轻人的梗。"我当时真是百思不得其解，年轻人的梗究竟是什么呢？

我备受打击，怀疑是不是自己离开职场太久了，错过太多了。这风起云涌的世界，你只有跟着它向前翻腾，才能勉强不落后，而我离开了将近两年，是不是真的难以回归了呢？

落伍，这个词第一次出现于我的脑海。但是，紧跟着，一股不服气浮上心头。

以我的性格，肯定不会轻易服输啊！我可是多年的"孩子王"，我对新鲜事物还是有浓厚的兴趣和好奇心的啊！

我觉得新媒体还是很有意思的，带给我许多惊喜与快乐。于是，我一边探索，一边接着发短视频。网友们对我非常友好，给我许多中肯的意见，在他们的指引下，慢慢地，我摸到一些门路，粉丝数开始涨起来，终于有一天，我觉得"玩"短视频不难了。

我觉得短视频平台就像喷薄的火山，每天都涌现着最前端，最流行的内容，电视平台想要革新，就需要将这股滚烫的新鲜血液灌入自己的胸怀，要能接纳，才能领悟。而我自己，也只有拥抱新媒体，让自己不断地适应变化，才能真正意义上回归职场。

努力总会有收获的，近来我看到了自己的进步。总台推出的新媒体节目《央young之夏》，是充分吸收了新媒体的养分，并坚持电视台原有的对节目的高标准应运而生的。这台节目一推出就上了热搜，受到广大年轻人的关注与好评。我积极参与了这台节目，担任一支队伍的"队长"。我们"玩"得很开心。

我能感受到，从"主持人"到"队长"，我们表达信息的形式有所变化，但作为媒体人，富有责任心地向社会传递优质的内容，这一点是没有变的。

所以，有变化，也有不变的。

这一切在我 2016 年下决心休假时是完全预料不到的，但我觉得在当时，并没有必要看清楚未来所有的变化，也没有必要精心计算每种选择的得失，怀着一颗坦然的心，去面对发生的一切，这样就够了。

　　我也希望读这本书的女性朋友们，看到这里，如果你正在面临孩子还是工作的纠结，能更勇敢地追随自己的心，更坚持自己的决定。

　　也谢谢大家读到这里，看了我这么多絮絮叨叨，如果书里的某个片段能让您开怀一笑，或给您一点小小的启发，就足够了。

▲　朋友们都叫我"杆儿姐"，因为我总举着个自拍杆，跟大家合影。大家都说，有"杆儿姐"，就不愁没照片。
顺利重返职场，离不开同事、朋友们的支持。路漫漫，月亮妈妈还要继续前行。

后　记

我的小正好四岁半了！

在我面前的俨然是个小大人！幼儿园老师说，正好已经越来越适应园内生活了。平时胆子不小，勇于挑战。吃饭也不像过去那么费劲了。他的个子长高了好多，身体也更结实了。我是不是可以稍微放心一些了呢？

其实就在不久前，正好还生了一场病。起初找不到病因，天天跑医院，把我急得，夜不能寐。后来终于查到病因，是腺样体肥大，需要做一场小手术。正好是第一次住院，而我是第一次陪同孩子住院。因还有疫情影响，医院只许一人陪床，我便做好了 24 小时连轴转的准备。在家中收拾大半天，准备了一大包东西，搬家似的来到医院。小正好高高兴兴的，还以为是来旅游，玩到困了，昏昏睡去。我呢？办完住院手续，听医生交代，收拾带来的东西，打扫了病房，又过了大半天。彼时正值母亲节，我真没想到这个母亲节会在医院度过。不由得感叹，当妈真是不容易，拉扯孩子长大，哪个不是遇到这个坎儿那个坎儿？孩子生病，我虽然心疼得不得了，但也很感谢，正好住院全程没哭没闹，手术也勇敢面对，真是个小男子汉！

时间这趟列车，丝毫不停歇，就这样轰隆隆地向前。还记得正好刚出生时那么小，我盼着，什么时候能长大呀？谁想到长大就在眨眼间。我多么希望正好继续长大，而我和他爸爸永远不变老。

我真的想把自己能给的最好的都给我的小正好，永远守护在他身边，但是我知道，总有一天，正好要独立面对人生。我去上班、出差，听到家人说正好哭了，想妈妈，我看到视频中的他哭成泪人儿，真想立刻飞奔过去抱起他。孩子离不开妈，我又何尝离得开孩子呢？但是，我还是得狠狠心，让正好偶尔适应我不在身边的日子。

正好生病，我们娘儿俩朝夕相处了好几天，虽然焦急，但那也是一段特别的、珍贵的日子。人生的磕磕绊绊，只要能换一个角度，带着微笑的眼光去看，就能看到积极的一面。带着这样的心态，我越过了那道坎儿，也无惧未来的困难。通过这本书，我最想传递给妈妈们的，其实就是这样一种心态。我们不可能没有烦恼，也不是永远要快乐，但如果我们总能直面生活中的种种，并尝试去欣赏种种，我想，我们就能获得一种智慧，一种让我们无惧艰险，无畏麻烦，无悔选择，并能从一切经历中获得成长的智慧。现在的我，还不太具有这样的智慧，但这是我的美好愿景。

还记得人生中的某一刻，想要一个孩子的念头在脑海中闪现，经过酝酿，在某一天成熟，然后我就像走进了人生的新篇章，遇见许多过去从未想过会遇见的人，经历了很多过去完全想象不到的事，结识了朋友，也学到了许多新技能。最重要的是，我的小正好，给我的人生带来太多太多的快乐，给我的家庭带来太多太多的美好。

我真的很高兴从月亮姐姐变成月亮妈妈，我感到十分幸运。

最后这段话想送给读到这本书的你：也许是和你一起长大，也许是看你天天长大，也许是你看我慢慢长大，打开这本书，我们再次共同长大。或许你的孩子已成人，触动满满的回忆；或许你和我一样在育儿路上，看到当下的经历；或许孩子是你未来的理想，感受的是好奇和勇气。无论是什么，和我一起，和新生命一起长大。

再次谢谢你阅读这本书！

真心希望全天下的妈妈和宝宝都健康、平安！

不必怕，请放心当妈妈。
放开手，让孩子自然长大。

月亮妈妈
2021.10.6

图书在版编目（ＣＩＰ）数据

月亮姐姐当妈妈 / 月亮姐姐著 . — 武汉：长江文艺出版社，2021.9

ISBN 978-7-5702-2295-7

I.①月… II.①月… III.①家庭教育 IV.① G78

中国版本图书馆 CIP 数据核字 (2021) 第 139350 号

月亮姐姐当妈妈
Yueliangjiejie Dang Mama

月亮姐姐　著

选题产品策划生产机构 | 北京长江新世纪文化传媒有限公司

总 策 划 | 金丽红　黎　波

责任编辑 | 陈　曦　张　霓　　　装帧设计 | 郭　璐　　　责任印制 | 张志杰　王会利

内文插画 | 月亮姐姐　　　　　　内文制作 | 张景莹　　　封面摄影 | 宽地摄影 _ 史宏伟

法律顾问 | 梁　飞　　　　　　　版权代理 | 何　红

数字平台统筹 | 高　梦　　　　　媒体运营 | 刘　冲　刘　峥　洪振宇

总 发 行 | 北京长江新世纪文化传媒有限公司

电　　话 | 010-58678881　　　　　传　　真 | 010-58677346

地　　址 | 北京市朝阳区曙光西里甲 6 号时间国际大厦 A 座 1905 室　　　邮　编 | 100028

出　　版 | 长江出版传媒　长江文艺出版社

地　　址 | 湖北省武汉市雄楚大街 268 号湖北出版文化城 B 座 9-11 楼　　　邮　编 | 430070

印　　刷 | 天津盛辉印刷有限公司

开　　本 | 710 毫米 ×1000 毫米　1/16　　　印　　张 | 18.75

版　　次 | 2021 年 9 月第 1 版　　　　　　印　　次 | 2021 年 9 月第 1 次印刷

字　　数 | 260 千字

定　　价 | 68.00 元

盗版必究（举报电话：010-58678881）

（图书如出现印装质量问题，请与选题产品策划生产机构联系调换）